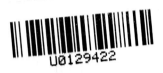

文學叢刊

陳福成 編

這一世我們乘佛法行過神州大地

——生身中國人的難得與光榮史詩

文史哲出版社 印行

國家圖書館出版品預行編目資料

這一世我們乘佛法行過神州大地：生身中國人的難得與光榮史詩 / 陳福成編. -- 初版 --
臺北市：文史哲出版社, 民 110.03
頁；公分--（文學叢刊；432）
ISBN 978-986-314-547-9（平裝）

1.佛教修持 2.修身

225.87　　110003126

文學叢刊 432

這一世我們乘佛法行過神州大地

—生身中國人的難得與光榮史詩

編　者：陳　福　成
出版者：文史哲出版社
http:// www.lapen.com.tw
e-mail：lapen@ms74.hinet.net
登記證字號：行政院新聞局版臺業字五三三七號
發行人：彭　正　雄
發行所：文史哲出版社
印刷者：文史哲出版社
臺北市羅斯福路一段七十二巷四號
郵政劃撥帳號：一六一八〇一七五
電話886-2-23511028・傳真886-2-23965656
定價新臺幣五八〇元
二〇二一年（民一一〇）三月初版

ISBN 978-986-314-547-9　10432

序：這一世我們乘佛法行過神州大地

——生身中國人的難得與光榮史詩

壹、生身中國人的難得

「弘一大師李叔同說：明師難遇，佛法難得，生為中國人更難得。」這是我在大學時代，我的國文老師說過一句讓我永恆不忘，對我有啟蒙作用的一句話。半個多世紀來，我不斷在反思、實踐、檢驗，到老年終於證悟這句話的實相意涵。

我一生以「生為中國人」為榮，五千年文明文化，千萬平方公里山河大地，皆我所有。中國是我！我是中國！抬頭挺胸走在地球上，睥睨西洋與東洋，內心沒有小島「呆丸郎」的悲情，反有幾分自大！

貳、我們的聲明：著作（編譯等）是中華民族公共財

筆者與老友文史哲出版公司董事長彭正雄先生，很早就有一個共識，也公開聲明過，筆者所有已出版著作（含編、譯等約一百五十餘冊、數千萬字），均放棄版權，贈為中華民族公共財，任何單位、團體、個人或出版社，均可自由印行，不須作者同意。

筆者與彭正雄先生，我們一生以復興中華文化為志業，為努力並設為人生最有價值，而全力以赴的理想目標。筆者著作雖有一百多部，惟不離中華文化範疇。二十一世紀是中國人的世紀，中國夢已然不遠了。中國夢的實踐完成，筆者與彭正雄不缺席，我們從文化建設入手。

至今，筆者著作已在兩岸約四百個大型圖書館典藏，期許海內外中國人能看到，也能影響代代炎黃子孫，大家以生為中國人為榮。佛經《四十二章經》第三十六章已說：「六根既具，生中國難，既生中國，值佛世難。」中國人應有所悟。

參、這一世我們乘佛法行過神州大地

類似這樣由照片配詩文的作品，由文史哲出版社出版已有七本，這是第八本了。有著有編，這本編為主。書中引用吾國歷代高僧大德詩偈，有關佛經的引用與詮釋，或佛法論述等，均來自佛光山星雲大師和法師們的作品，大多在《人間福報》發表過。筆者佛緣甚淺，對於佛法的領悟，可謂是「門都尚未進入」，不敢有任何一己之見。只能由「編」的方式，配合照片，使佛法行遍神州大地，彰顯吾等身為中國人的難得和光榮。

生長在台灣的中國人
台北公館蟾蜍山萬盛草堂主人　法名本肇居士
誌於佛曆二五六四年西元二〇二一年二月春節前

這一世我們乘佛法行過神州大地
——生身中國人的難得與光榮史詩

目　錄

輯二　二〇一一年九月河南、山西參訪

輯三 二〇一〇年十一月

輯四 二〇〇九年十一月

輯五 二〇〇八年八月

輯六 二〇〇八年元月

輯七 二〇〇九年底北京

輯八 生長在邊陲寶島的子民們

輯　一　2014 年 3 月北京、天津黃埔同學會邀訪

讲武堂
2014.03.29

我們無差別

《華嚴經》：
心佛及眾生，
是三無差別，
諸佛悉了知，
一切從心轉。

男女有差別
吾心無差別

地球都不想看了

宋・蘇東坡：

廬山煙雨浙江潮，
未到千般恨不消；
到得原來無別事，
廬山煙雨浙江潮。

現在只剩外星人來了
會引我好奇

人生的追求

明・念菴：

急急忙忙苦追求，
寒寒暖暖度春秋；
朝朝暮暮營家計，
昧昧昏昏白了頭；
是是非非何日了，
煩煩惱惱幾時休；
明明白白一條路，
萬萬千千不肯修。

我們的桃花源

南宋・朱熹：
半畝方塘一鑑開，
天光雲影共徘徊；
問渠那得清如許，
為有源頭活水來。

我們的源頭活水
就在神州大地

兩岸一家親

北宋・佛印禪師：
一樹春風有兩般，
南枝向暖北枝寒；
現前一段西來意，
一片西飛一片東。

不知台獨偽政權
能飛到哪裡？

閒居生活（一）

宋．王安石：
雲從無心來，
還向無心去；
無心無處尋，
莫覓無心處。

現在、過去、未來心
皆不可得
我心無住

閒居生活（二）

宋・王安石：
雲從鍾山來，
卻入鍾山去；
借問山中人，
雲今在何處。

不管雲如何飄
跑不了神州天空

中國夢

宋・王安石：
知世如夢無所求，
無所求心普空寂；
還似夢中隨夢境，
成就河沙夢功德。

古今中國人之所夢
不外中國夢

五十年前如昨日（一）

唐・寒山大士：
君看葉裡花，
能得幾時好；
今日畏人攀，
明朝待誰掃？

夏商周秦漢三國
如去年的事

五十年前如昨日（二）

唐・寒山大士：

可憐嬌妍情，
年多轉成老；
將世比於花，
紅顏豈能保。

我看百千年
都是昨日夢幻

我的終極鄉愁

北宋・沖邈禪師：
三界無家誰最親，
十方惟有一空身；
但隨雲水伴明月，
到處名山是主人。

終極的家還很遠
空身就暫時寄在神州

原來寶物在我心

民國・來果禪師：
萬水千山訪知音，
誰知步步未沾塵；
腳跟下事能回顧，
翻身不墮妄和真。

天涯尋寶
原來寶物在我心

我布施給中華民族

《大薩遮尼乾子經》：
欲求無上道，
修行諸功德；
破於慳貪心，
布施為第一。

我此生著作一百五十餘冊
先布施給中華民族

要耕己心

《六祖壇經》：

心地含諸種，

普雨悉皆萌，

頓悟花情已，

菩提果自成。

想要收到上上果

從耕心開始

智者調心不調身

《佛本行集經》：
此身動時由心轉，
應先調心莫苦身；
身如木石無所知，
何故隨心而困體？
別為難你的身了
從調心開始吧

布施給你

《三世因果經》：
三寶門中福好修，
一文施捨萬文收；
不信但看梁武帝，
曾施一笠管山河。

我沒機會管山河
但願布施

神州尋佛

《華嚴經》：
若得見於佛，
捨離一切障；
長養無盡福，
成就菩提道。

佛在神州謀統一
菩提道成

清淨

《思益梵天所問經》：

若身淨無惡，

口淨常實語；

心淨常行慈，

是菩薩遍行。

遠離台獨偽政權

才能身口意清淨

十惡業

身造殺生、偷盜、邪淫
口造妄語、兩舌、惡口
加上綺語
心造貪欲、瞋恨、愚痴
這是十惡業
台獨份子都俱備
是惡業政權

惡業自受

《法句經》：
如鐵自生鏽，
生已自腐蝕，
犯罪者亦爾，
自業導惡趣。

台獨偽政權
人民自受迎妖魔

煩 惱

《緣生論》：
惱起業感報
報還生煩惱；
煩惱復生業，
亦由業生報。

不論惡業或煩惱
台獨偽政權是源頭

一燈照亮千年闇室

《華嚴經・普賢行願品》：
譬如一燈，
入於闇室，
百千年闇，
悉能破盡。

願我一心燈
破台獨偽政權闇室

找尋本來面目

明・憨山德清：
抛卻身心見法王，
前程不必問行藏；
但能識得娘生面，
草木叢林盡放光。

苦苦找尋七十年
本來面目還在找

安頓身心在神州

明・憨山德清：
紅塵白浪兩茫茫，
忍辱柔和是妙方；
到處隨緣延歲月，
終身安份度時光。

我們奔走於神州
為安頓身心靈

無產階級最富

《大寶積經》：
設有伏藏千億餘，
以貪愛心無厭足；
猶如大海吞眾流，
如斯愚人最為貪。

僧人皆無產
無產階級最富有

知足最貴

《心地觀經》：
眾生所有眾財寶，
更互追求常不足；
求不得苦恆在心，
老病死火無時滅。

知足最寶貴
空空來也空空去

解脫自在

《治禪病祕要法》：
隨順佛所說，
持戒行頭陀，
身心無惡行，
疾至於解脫。

放下一切，一切放下
解脫自在

誰能把心管好

《達摩多羅禪經》：

心猶不調馬，

如幻如猿猴，

無量因緣相，

一切現所依。

管好自心這麼難

難怪世界這麼亂

輯　二　2011 年 9 月
河南、山西參訪

2011.9.12

舜何人也？

古德云：
表裡玲瓏絕有無，
人情善惡俱虛浮；
生平艷羨陶朱富，
哪識衣珠自足餘。

舜何人也？予何人也？
有為者亦若是！

世事如雲？

清・蒲松齡：

龍游淺水遭蝦戲，
虎落平陽被犬欺；
人情似水分高下，
世事如雲任卷舒。

我們看不破這關
故有神州行

悟

唐・靈雲志勤：
三十年來尋劍客，
幾回落葉又抽枝；
自從一見桃花後，
直至如今更不疑。

我見桃花悟
你見桃花……？

世間最殊勝

《根本説一切有部毘奈耶》：

信為丈夫最勝財，
善法常修能利樂；
諸味之中實語最，
於諸命中慧為勝。

相信中華文化亦殊勝
生為中國人最殊榮

河南鄭州·本書作者吳
海青（左）·二〇一二年九月十日

勝與敗之外

《法句經》：
勝利生憎怨，
敗者住苦惱；
勝敗兩俱捨，
和靜住安樂。

兩岸之統一
不住勝與敗

善惡一念間

《大莊嚴論經》：
一切諸世間，
皆有善惡業，
善惡生五道，
業持眾生命。

善惡一念間
統獨亦如是

河南鄭州．右台客．左海
青青．二〇一二年九月十日

怎樣悟道？（一）

唐・龐蘊：

但要無心於萬物，
何妨萬物假圍繞；
鐵牛不怕獅子吼，
悟似木人看花鳥。

人人都有心
不到神州永難悟！

怎樣悟道？（二）

唐・龐蘊：
木人本體自無情，
花鳥逢人亦不驚；
心境如如只遮是，
何處菩提道不成。

你若困在漢奸島
千年道不成

心靈眞有理想國

明・雲棲袾宏：

塵網依依三十春，
昨非今是不須論；
息交豈獨忘知己，
為愛吾廬夏木陰。

人間真的有淨土
藏在神州

你成就了什麼？

《大寶積經》：
一者成就善巧方便，
二者成就殊勝意樂；
三者成就菩薩正行，
四者成就勸讚菩提。

我勸約諸好友
參訪神州永樂宮眾神
也是成就，你呢？

都是因果（一）

古德云：
行藏虛實自家知，
禍福因由更問誰？
善惡到頭終有報，
只爭來早與來遲。
台獨偽政權這些妖魔
禍害中華民族
報應不遠了

都是因果（二）

達摩：
欲知前世因，
今生受者是；
欲知未來果，
今生做者是。

因果報應歷歷不爽
那些台獨妖女男魔
你們不怕嗎？

怎樣走你的人生路

《佛說義足經》：
如行車於路，
捨平就邪道；
前途坑與曲，
危險所之來。

要走對路，現在
條條大道通北京
走向神州就對了

只有這一世碰到你

唐・龍牙居遁：
昔生未了今須了，
此生度取累身生；
古佛未悟同今昔，
悟了今人即古人。

人生就這一回
下輩子我們都不會碰面
此生定要多來神州走走

何者最毒？

《大智度論》：
瞋為毒之恨，
瞋滅一切善；
滅瞋諸佛讚，
滅瞋則無憂。

我發現，台獨必瞋
必成毒中毒
台毒禍害全中華

能救呆丸郎也是菩薩

《大般涅槃經》：
若於一眾生，
不生瞋恚心；
而願與彼樂，
是名為菩薩。

誰能救救台灣人
不搞台獨引來戰火
他也是菩薩

惡口毀滅一切

《大方便佛報恩經》：
猛火熾然，燒世間財，
惡口熾然，燒七聖財。

台灣最惡之惡口
乃台獨之口
再是名嘴
斯惡必毀滅一切
一切毀滅

危機與轉機

宋・雪竇重顯：
一兔橫身當古路，
蒼鷹才見便生擒；
後來獵犬無靈性，
空向枯椿舊處尋。

台灣最大危機是台獨
最大轉機是統一
多數呆丸郎不懂

布施爲樂

《摩訶僧祇律》：
若人以食施，
得生最勝處，
以樂布施者，
人天受福報。

我喜歡把快樂布施給人
把對中華文化的信仰
布施給神州大地的同胞

不知爲何？

我看到很多人
拔一毛利人而不為
每天把每分錢
死抓在手
他完全不知：
一粒落土百千生
一文施捨萬文收
與君寄在堅牢庫
汝及子孫享不休

瞋人

我發現
搞台獨的都是瞋人
身口意都是瞋
不搞台獨則可如古德云：
面上無瞋是供養
口裡無瞋出妙香
心上無瞋無價寶
不斷不滅是真常
當一個平常的人

菩薩在哪裡

大家都在找菩薩
天涯海角
就是找不到
來到菩薩頂
也還沒看到
其實菩薩就在你心中
你就是菩薩
你不相信嗎？

佛法在哪裡（一）

唐・六祖惠能：
佛法在世間，
不離世間覺；
離世求菩提，
猶如覓兔角。

原來佛法不在天上
不在西方
就在你我的世界

佛法在哪裡（二）

唐・六祖惠能：
菩提本無樹，
明鏡亦非台；
本來無一物，
何處惹塵埃。

樹非樹，台非台
說佛法，亦非佛法
佛法真深妙也

自性不生滅

我說人生沒有來去
沒有生死
你不相信
聽六祖大師說
何期自性本自清淨
何期自性本不生滅
何期自性本自具足
何期自性本無動搖
何期自性能生萬法

及早修行（一）

元・楚石梵琦：
人生百歲七旬稀，
往事回觀盡覺非；
每哭同流何處去，
閑抛淨土不思歸。

老夫今年正好七十
現在有如少水魚
每天都是最後一天

及早修行（二）

元・楚石梵琦：
香雲瑪瑙階前結，
靈鳥珊瑚樹裡飛；
從證法身無病惱，
況餐禪悅永忘飢。

每天都是我的最後一天
勤於文字修行
在文字裡建構淨土

那裡不死人

有國防部長說
那裡不死人
但，眼看他人死
我心急如焚
不是傷他人
看看輪到我
把握每一分鐘
完成春秋著作
活在當下

世上最難事

《緇門警訓》：

不見他非我是，
自然上敬下恭，
佛法時時現前，
煩惱塵塵解脫。

此乃天下至難事
世人絕大多是只見人錯
不見己過

衆生與佛

眾生與佛實不二
只在迷悟差別
迷了是眾生
悟了是佛
《洞山悟本禪師語錄》曰
眾生諸佛不相侵
山自高兮水自深
萬別千差明底事
鷓鴣啼處百花新

惡言之害

《諸法集要經》：
只則如利斧，
自斷壞其身；
皆由惡言故，
令他起暴惡。

台灣惡言之害
以台獨為最
害陷人民於火海

人生如夢

七十春秋如一夢
如大唐鳥窠道林禪師說
來時無影去無踪
去與來時事一同
何須更問浮生事
只此浮生是夢中
難怪佛陀稱如來
人生本無來去

梅花的說法

唐・黃檗希運：

塵勞迥脫事非常，
緊把繩頭做一場；
不經一番寒徹骨，
怎得梅花撲鼻香。

這是梅花的無情說法
你聽得懂嗎？

又是這顆心

人人都有心
都是人心
為何有黑白正邪
大唐黃檗希運説
心如大海無邊際
廣植淨蓮養身心
自有一雙無事手
為做世間慈悲人
你心田要植什麼？

愛．怨

《法句經》：
莫結交愛人，
莫交怨憎人，
不見愛人苦，
見憎人亦苦。

愛與憎都是一條繩子
小心不要被綑住了

上樂是什麼？

嬌妻美妾非上樂
財富名車亦非是
上樂是什麼
《摩訶帝經》說
世間所有諸欲樂
乃至天上所有樂
若比斷貪之大樂
十六分之不及一

夢幻泡影

明・念菴禪師（羅狀元）：
世事紛紛如閃電，
輪迴滾滾似雲飛；
今日不知明日事，
哪有功夫論是非。

我更沒功夫去遊玩
但身為中國人
怎能不神州走透透

如來賣花

清・澄波：

木樨盈樹幻兼真，
折贈家家拂俗塵；
莫怪靈山留一笑，
如來原是賣花人。

如來賣花
我願是靈山一朵花
以花香布施

萬物一家人（一）

我們和蟲魚鳥獸
是一家人
和植物岩石也是一家人
你不相信嗎？
宋・王安石曰
昨日見張三
嫌他不守己
歸來自悔責
分別亦非理

萬物一家人（二）

王安石又說
今日見張三
分別心復起
若除此惡習
佛法無多子

我相信，我們和外星人
也是一家人

在業海裡漂流（一）

回首前塵
我已在業海裡
漂流千百世
此刻我是大唐布袋和尚
我有一布袋
虛空無掛礙
打開遍十方
入時觀自在

在業海裡漂流（二）

這一世的漂流
就在神州大地山河
最近來到山西
到處化緣
一鉢千家飯
孤身萬里遊
睹人青眼在
問路白雲頭
此刻我是布袋和尚

果報必自得

《眾許摩訶帝經》：
眾生之所作，
善惡經百劫，
因業不可壞，
果報終自得。

我看那些台獨妖女魔男
報應是不遠了
因果平等不壞

浮雲靜觀

我是老僧一片雲
靜觀台獨偽政權
會亂到何時
宋・歸宗志芝：
千峰頂上一間屋
老僧半間雲半間
昨夜雲隨風雨去
到頭不似老僧閒
我是老僧也是浮雲

木石會說話（一）

以前我不信石頭能釀酒
現在我相信
石頭會說話
你聽大唐洞山良价說
切忌從他見
條條與我疏
我今獨自在
處處得逢渠

木石會說話（二）

洞山又說
渠今正是我
我今不是渠
應須這麼會
方可契如如

你聽！有木石在
念佛、念法、念僧！
你沒聽到嗎？

我們能供養的

均提童子：
面上無瞋是供養
口中無瞋出妙香
心內無瞋無價寶
不斷不滅是真常

我們有無價寶
供養給中華民族
供養給同胞

我們就是佛

許多人不相信
自己是佛
明・呆菴普莊禪師說
人人皆是天真佛
晝夜六時常放光
剃了眉毛觀自得
何勞特地禮西方
我看百年後
西方也不用去了

火燒島涼不下來

唐・白居易：
人們避暑走如狂
獨有禪師不出房
可是禪房無熱到
但能心靜身即涼
大問題是
台獨偽政權
把漢奸島又搞成火燒島
眾生都涼不下來

心寬世界小

唐・如滿禪師：

心中寬廣山川小
眼內澄清日月明
耳邊天籟人間寂
腳下飛沙不染塵
世界隨心轉
心如虛空
宇宙也不大

自作自受

「業」是不黃牛的
自作惡得自己受
《大寶積經》：
假使經百劫
所作業不亡
因緣會遇時
果報還自受
我看台獨偽政權妖魔
為禍到何時？

我已一百五十歲

《金色童子因緣經》：
寢宿過是夜
壽命隨減少
猶如少水魚
斯何有其樂

星雲大師抓緊時間寫作
三百著作人生三百歲
吾亦是，一百五十歲

知音

神州訪知音
知音何在
明・憨山大師：
獨坐長松下，
悠然太古心；
高山流水意，
誰復是知音
知音已在我身旁

吃苦當吃補

古德云
不經一番寒徹骨
怎得梅花撲鼻香
直饒熱得人流汗
荷池蓮蕊也芬芳
吃苦是吃補
不能吃苦
終究難成大器

悟了沒？

大家都想悟
怎樣是悟？
宋・白雲守端：
若能轉悟即如來
春至山花處處開
自有一雙慈悲手
摸得人心一樣平
你們看這影中人
悟了沒！

都是因爲愛

半生不悟
都是因為愛

宋・白雲守端：
為愛尋光紙上鑽
不能透處幾多般
忽然撞著來時路
始覺平生被眼瞞
原來所見相
皆虛妄

佛法處世（一）

到處找佛法
佛法到底在那裡
唐・惠能大師：
心平何勞持戒
行直何用修禪
恩則孝養父母
義則上下相憐
原來，佛法
就在家裡

佛法處世（二）

說佛法在家裡
眾人還是找不到
惠能大師曰：
讓則尊卑和睦
忍則眾惡無諠
若能鑽木取火
淤泥定生紅蓮
原來要鑽木取火
才能找到佛法

家在哪裡

許多人一輩子找家
找死人，找不到
元・耶律楚材：
從征萬里走風沙
南北東西總是家
落得胸中空索索
凝然心是白蓮花
吾心空空
暫時以神州大地為家

山西芮城快樂行

人生之樂何在？
《法句經》：
應時得友樂
適時滿足樂
命終善業樂
正信成就樂
我等樂當中國人
山西芮城快樂行

神奇的般若

般若是什麼？
《大智度論》：
佛為眾生父
般若能生佛
是則為一切
眾生之祖母
般若有夠神奇
是三世諸佛之母

生命永恆流轉

我們無終始來去
宋・雲蓋智本：
一年春盡又一春
野草山花幾度新
天曉不因鐘鼓動
月明非為夜行人
大家努力衝破三界
再也不流轉

輯　三　2010 年 11 月山西、陝西三人行

嵩山少林
2010/11/04

不隨境漂流

我們在業海漂流
而不隨境流漂
古德云：
一天風月流空界
隔嶺鐘魚應海潮
江月不隨流水去
天風直送海濤來
生命流轉中
你能不隨境漂流嗎？

親如一家（右陳福成、左劉滿國）

無常火天天燒

《佛本行集經》：
世間無常燒眾生，
猶如劫火毀萬物；
無常猶如水泡沫，
亦如幻焰無一真。
我們乘著火尚未燒到身
一行好友
到山西芮城尋寶

《鳳梅人》、西建人在西安機場喜迎臺灣摯友陳福成（右三）、吳信義（右二）、并合影留念。

什麼是禪？

據聞，吃飯睡覺
就是禪
《大智度論》曰
禪為守智藏
功德之福田
禪為清淨水
能洗諸欲塵
原來，禪
也是生命之泉源

空與不空

我們空來空去
都是一場空
宋・淨端禪師說
今生不修福，後世一場空
結緣須趁早，不捨一場空
空與不空
就看你
要如何把握了

雖則初次會面　卻似久別重逢

佛法一乘

地球上的佛法百花齊放
似千乘萬乘
《妙法蓮華經》：
十方佛土中
唯有一乘法
無二亦無三
除佛方便說
原來只有一個大乘法

要怎樣愛！

愛總常生恨
到底要怎樣愛？
《月燈三昧經》：
雖復起愛心無染
行慈便能離瞋過
能生智慧離愚痴
能如是者離諸垢
這就是真愛
真愛不生瞋恨

莫作後悔事

世人常後悔
悔不當初
《大智度論》：
不應作而作
應作而不作
悔惱火所燒
後世墮惡道
但我放眼看眾生
都作後悔事

衆生問題多

放眼看眾生
都是問題
《大寶積經》：
眾生互憎嫉
皆由十惱生
於我及我親
三世俱惱害
要修多少年
才能得一悟

衆生十惱

眾生有十惱
十大煩惱源要遠離

豪勢、邪人、凶戲、愚賤
厭世者、不男不女者
貪欲者、小人、不忠誠者
常要譏嫌他人者
都要遠離
這也是安全處世之法門

修行的境界

有道者修行一生
要修到何種境界？
《彌沙塞羯磨本》：
若人打罵不還報
於嫌恨人心不恨
於瞋人中心常淨
見人為惡自不作
我反躬自省
得再修一百年

布施的智慧（一）

財、色、名、食、睡
眾生誰清淨？
《大毘婆沙論》：
五欲壞眾生
如田有穢草
施無貪欲者
獲勝果無疑
原來布施
是有學問、有智慧的

布施的智慧（二）

布施五百無道德者
不如布施一個有道德者
布施五百有道德者
不如布施一個有信仰者
布施五百有信仰者
不如布施一個有智慧者
原來如此
我們要做有智慧的
布施者

人我之間

我們人的一生
全都在人我間擺動
《大乘理趣六波羅蜜多經》：
不說他人過
亦不稱己德
智照無自他
當獲大名稱
放眼看看大社會、大國際
都在論人過、揚己德

生活用心處

大家都有心
不知如何用
《大寶積經》：
當於眾生平等想
慎勿妄起我人心
當樂多聞持禁戒
捐棄舍宅坐道場
眾生雖多惱
只要用心總有得

多忍忍

這個社會
被台獨偽政權搞爛
搞黑、搞腐
我等小民只能忍
《大薩遮尼乾子經》：
能行忍辱者
見者皆歡喜
怨家捨毒心
皆生親友想

再忍忍

有誰起來革命
推翻台獨偽政權
完成統一
沒有，再忍忍
《大方等大集月藏經》：
忍辱如大地
忍水常盈滿
安住於淨忍
善心無所失

人生根本所需

生來就要過日子
根本有所需
《雜阿含經》：
田宅眾生有
賢妻第一伴
飲食為存命
業為眾生依
這一世所作一切
是來世果報的依據

學好和學壞

一樣台灣米
統獨兩派都在吃
《華嚴經》：
牛飲水成乳
蛇飲水成毒
智學成菩提
愚學為生死
一樣台灣米
台獨吃了成台毒

人造天堂

中國已有人造太陽
也有人造天堂
星雲大師說
禮貌尊敬講愛語
樂觀滿足生歡喜
明理和平有自由
慈悲包容慶安全
一個人造天堂誕生了
你看見嗎？

有聽沒有懂

幾年前在佛光山聽經聞法
常常有聽沒有懂
如《大智度論》：
多聞無智慧
亦不知實義
譬如大明中
有燈而無目
看來佛緣太淺
自己努力亦不足

我和祖師同傳燈

我傳的是中華文化
祖師傳禪宗
古德云：
六代傳衣到野僧
千年繼踵嶺南能
碓春日久工夫熟
祖宗堪挑無盡燈
禪宗在中華文化裡
大家同傳文化燈

你聽到什麼

宇宙山河都在講法
你聽到什麼？
《維摩詰經》：
佛以一音演說法
眾生隨類各得解
皆謂世尊同其語
斯則神力不共法
仔細聽
有聲音傳來……

講說之要

講說佛法
要使聽者寂定受用
《佛本行集經》：
若人雖說百句義
其名味字不合文
寧說一句勝百千
當令聞者得寂定
大家都來宣說
廣傳佛法

佛的境界

為何凡夫滿懷愛恨情仇
而佛沒有
《佛說法集經》：
世尊無親無諸怨
無有諸憂無歡喜
於世行慈無分別
無分別心
正是我們的必修課

一粒米大過一座山

你相信嗎？
一粒米的力量
大過一座山
師父星雲大師說
佛觀一粒米
大如須彌山
吃了生信心
必能得平安
吾以「五觀」吃飯

「五觀」吃飯

佛教的因緣觀和宇宙觀
就在一粒米中
故以「五觀」吃飯
計功多少，量彼來處
忖己德行，全缺應供
防心離過，不生瞋愛
正事良藥，為療形枯
為成道業，應受此食

社會亂源

現代社會亂源多
不敬老為之一
《四分律》：
若人能懷法
心敬諸長老
現世有名譽
將來生善道
不敬老
三世難善了

我樂於供養

我樂於供養諸佛菩薩
不求什麼？
喜歡就好
《月燈三昧經》：
衣服及飲食
常以奉供養
作如是心施
是等悉成佛

供養

身口意是三業供養
食衣、臥具
加湯藥是四供養
香、花、燈、塗
果、茶、食、寶
珠、衣為十供養
只要一顆供養心
隨處種善因

跳出框框

人被許多框框
死死的框住
如何出離？
《妙法蓮華經》：
佛以方便力
示以三乘教
眾生處處著
引之令得出
大家努力解脫吧

慚與愧

這是兩種寶物
慚，對不起自己
愧，對不起別人
《月燈三昧經》：
有慚有愧自莊嚴
知於世間應時語
一切常舒布施手
無上世尊說是法
寶物要開發出來

律 己？

小小一個台灣
被台獨偽政權搞成
禽獸社會
小民還律己嗎？
《五分律》：
見世之過患，身自依法行
賢者不樂惡，為惡不樂善
若都律己，誰來革命
推翻邪惡台獨政權？

我的？？？

《大寶積經》：
三界諸樂具
盡持施一人
不如一偈施
功德為最勝

大家都去念佛
誰來管管台獨偽政權
誰管台灣的沈淪

你喚醒中國人

助孫中山推翻滿清
建立民國，宗仰上人
你功德無量
乾坤事了續參禪
坐破蒲團不計年
依舊江天依舊寺
推窗喚醒老龍眠
龍的傳人都醒了
你功德無量

怎麼辦

一個妖女
出賣全台灣人
我等如何安頓身心
《歷代法寶記》：
但修自己行
莫見他邪正
只意不量他
三業自然淨
就這麼辦

睡得安穩

現在有很多人
晚上睡不著
不知為何？
《大般涅槃經》：
敬養於父母
不害一生命
不盜他財物
乃得安穩眠
難到是……

佛在哪裡

天涯海角尋佛
佛在哪裡
古德云：
佛在靈山莫遠求
靈山就在汝心頭
人人有個靈山塔
好向靈山塔下修
原來我是佛

安身立命

世界這麼黑
台獨使台灣越來越黑
如何安身立命
《增一阿含經》：
無鬥無有諍
慈心愍一切
無恚於一切
諸佛所歎譽
我等就如是努力

你要畏因

不畏因
你會死得很慘
《大般涅槃經》：
從因故生天
從因隨惡道
從因故涅槃
是故皆有因
小心
不要種惡因

要結交什麼朋友

人一生成敗
看他結交什麼朋友
《緇門警訓》：
邪師惡友
畏若豺狼
善導良朋
視如父母
交友千萬要謹慎

輯 四 2009年11月重慶西南大學邀訪

結交善友

友直、友諒、友多聞
山河眾星是善友
《生經》：
若常行柔和
眾人所愛敬
設結善友者
堅住無能動
但小心
台獨均非善類

勿以瞋報瞋（一）

小朋友聽我説故事
《百喻經》：一則寓言
有一條蛇向前行
蛇尾向蛇頭抗議
每次都你走前面
我走後面
蛇尾不服，尾纏繞樹枝
使蛇頭不能前進
蛇頭只好投降

勿以瞋報瞋（二）

換蛇尾得意向前走
因沒有眼睛看
掉入深坑餓死了
《百喻經》另一故事
有一隻烏龜逢到乾旱
快要渴死
剛好飛來一群雁子
烏龜請求雁子
帶他到有水的地方

勿以瞋報瞋（三）

雁子問：怎樣帶？
烏龜說，用根樹枝
請你們兩隻雁子啣著樹枝
我咬住樹枝中間就好
雁子慈悲答應
但叮嚀烏龜
中途不能開口
一開口便成千古恨

勿以瞋報瞋（四）

烏龜說：這是當然
一開口便粉身碎骨
飛行途中經一村莊
小朋友看見驚叫
大家來看
兩隻雁子啣著一隻烏龜
烏龜生氣，開口大罵
你們懂什麼？
這一開口……

勿以瞋報瞋（五）

瞋恨心
是一把無明火
一不小心
便燒掉一切
《雜阿含經》：
以瞋報瞋者
是則為惡人
不以瞋報瞋
不瞋勝於瞋

一切都是因緣

把一切推給因緣
少煩很多事
清淨多了
梁・僧祐〈釋迦譜〉：
一切諸法本
因緣生無主
若能解此者
則得真實道
宇宙萬象終歸是因緣

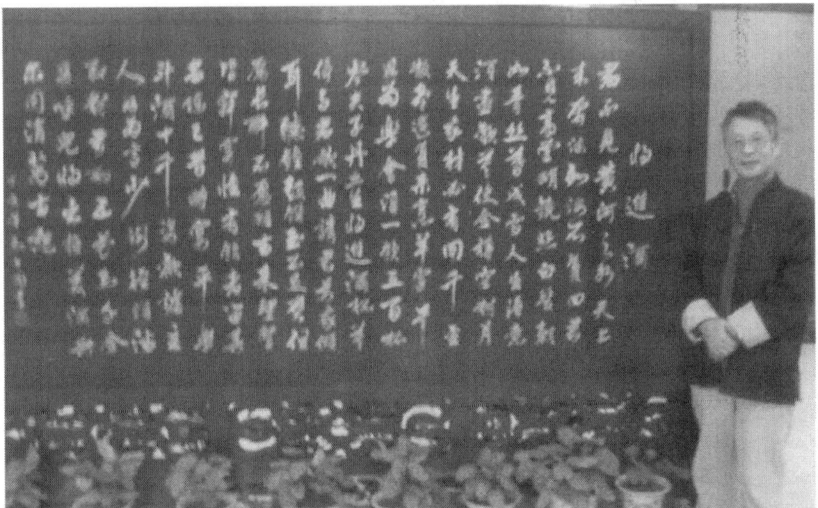

世間最邪惡之口

放眼看宇宙最惡之口
就是台毒一張嘴
邪惡無比
《法苑珠林》：
惡口如毒箭
著物則破傷
若與身無益
慎口也何妨
高溫戰火能淨化台毒嘴

愛語的力量

說愛語
眾皆歡喜
《華嚴經》：
愛語離眾怖
無上慈悲法
內得甚深智
能滅諸煩惱
我等練習說愛語

讚歎三寶（一）

讚歎佛

天上天下無如佛

十方世界亦無比

世間所有我盡見

一切無有如佛者

佛是人間導師

世界救世主

讚歎三寶（二）

讚歎法
無上甚深微妙法
百千萬劫難遭遇
我今見聞得受持
願解如來真實義
這是世間的真理
三界之無尚寶

讚歎三寶（三）

讚歎僧
僧寶清淨不思議
身披如來福田衣
堪為人天功德主
堅持戒行學無為
大家看到僧
應起恭敬心
歡喜布施

世間第一寶

你心中的寶物是什麼？
我說信仰和智慧
你認同嗎？
《大智度論》：
若人得信慧
是寶最第一
諸餘世財利
不及是法寶
諸君深思確實如是

解脫身心

想想人生，來去空空
何必太認真
都放下吧
《禪宗無門關》：
了身何似了心休
了得心兮身不愁
若也身心俱了了
神仙何必更封侯
身和心就一起解脫吧

不可妄言

飯可以亂吃
話不可以亂說
《菩提資糧論》：
未解甚深經
勿言非佛說
若作如是言
受最苦惡報
要做上人
應謹言慎行

培養布施心

錢花出去才顯價值
而以喜捨為高
《月燈三昧經》：
降伏於慳吝
增長布施心
攝受施堅固
生在富豪家
大家應多培養布施心

瞋是垢

有了瞋恨心
心會生出垢穢
身心俱骯髒
《大寶積經》：
瞋垢背忍辱
懈怠退正勤
其心不專注
惡慧愚鈍者
小心！勿生瞋恨心

他們不怕報應嗎？

我一直懷疑
台獨這些妖女魔男
壞事做盡
他們不怕報應嗎？
《大般涅槃經》：
作惡不即受
如乳即成酪
猶灰覆火上
愚者輕蹈之

還是因果（一）

左思右想
今之台灣妖魔滿朝
全島沈淪
也是因果嗎？
唐・寒山大士：
生前太愚痴，不為今日悟
今日如許貧，總是前生做
應如是
那便是全民共業

還是因果（二）

即是前世業
今世又造惡
台獨偽政權種惡因
惡業永不休
寒山大士曰
今生又不修，來生還如故
兩岸各無船，渺渺應難渡
就叫王師來征
終結台毒惡業

怎樣學佛法

佛法！佛法
什麼是佛法？
怎樣精進？
《無量義經》：
歷劫挫身不倦惰
晝夜攝心常在禪
遍學一切衆道法
智慧深入衆生根
有比登天難嗎？

菩薩說交友

交友學問大
先聖先賢都說過
聽菩薩怎麼說
《妙慧童女經》：
不以諛諂親善友
於人勝法無妒心
他獲名譽常歡喜
不謗菩薩得無怨

交友之難

現代交友有些難
所謂通財之義
最不易
《佛本行集經》：
我略說友相
惡諫善勸行
厄難相救濟
是名真善友
人到救濟親友遠

說布施

似多給人
實則救己
你不相信嗎？
《雜阿含經》：
施食得大力
施衣得妙色
施乘得安樂
施燈得明目

布施的方法

布施
不是給錢就好
尚有甚深微妙法
《妙慧童女經》：
應時行施無輕慢
歡喜授與不希求
能於此業常勤修
所生當獲大財位

如何能得到富貴

八歲妙慧童女問佛陀
如何得到富貴？
佛陀說了四種法門
《妙慧童女經》：
一者應時行施
二者無輕慢心
三者歡喜而與
四者不希果報

布施是修行起點

給人歡喜
一個微笑都是布施
已在功德福田種下善因
民國・印順《成佛之道》：
依資具得樂
依施得資具
故佛為眾生
先讚布施福
因布施是修行的起點

怎樣是悟？

大家追求悟
你我他都說悟
真悟或假悟？
檢視一下
梁・寶誌：
菩薩與俗同居
清淨曾無染世
愚者貪著涅槃
智者生死實際

凡聖一心間

怎樣是凡夫
又怎樣是聖者
都在一心間
古德云：
三十三天天外天
九霄雲外有神仙
神仙本是凡人做
只怕凡人心不堅

眞誠無價

一顆真誠心
勝過一座金山
這是真的
《摩訶僧祇律》：
真金百千擔
持用行布施
不如一團泥
敬心治佛塔

智愚

寧願給智者罵
也不願聽愚痴者讚歎
為什麼？
《佛説須賴經》：
願為智所罵
不為愚所歎
愚者歎於惡
明者歎於善

何者功德大？

諸福田中
何者功德大？
《因果經》：
從諸星宿中，月光為其最
一切光明中，日照為其最
於諸福田中，看病為其最
若欲求大果，施諸悲與敬

處於衆中（一）

人一生處於人我眾中
永遠有問題
人我關係怎樣和諧
《大寶積經》：
菩薩於眾生
能為饒益事
以清淨四攝
普遍諸有中

處於衆中（二）

喜捨、利行、同事
加愛語是謂四攝
喜捨攝，歡喜布施
利行攝，助人以獲認同
同事攝，以同理心得認同
愛語攝，讚美鼓舞人發心
能行此四攝
便是度化眾生的菩薩

因果帳簿

在因果帳簿裡
好事壞事都清楚記錄
一樣不少
且貫穿三世
《梅陀越國王經》：
罪福響應，如影隨形
未有善惡，不受報者
是故，因果
從來不會黃牛

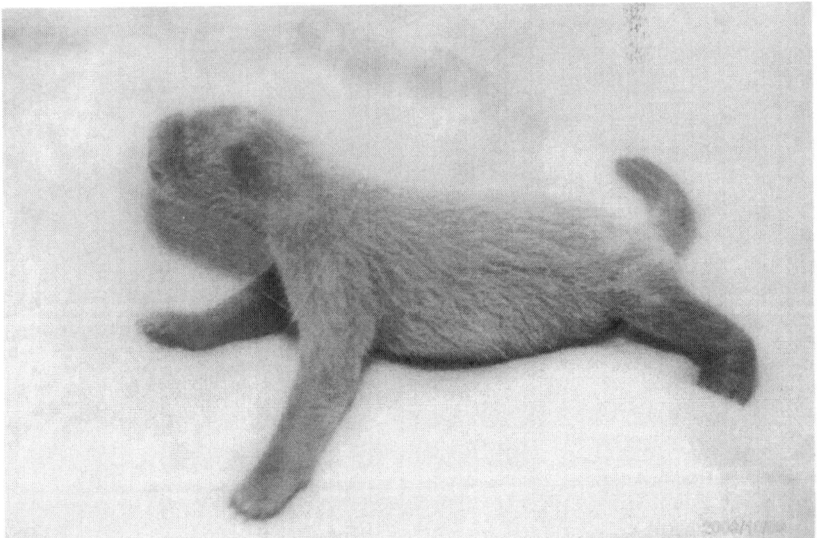

一首偈詩的啓示（一）

寂寞荒郊一夢長
古今人事懶思量
閒花野草歡多少
明日浮萍笑幾場

台獨偽政權這些妖魔
已懶思量
讓因果去收拾
王師來征服眾歡喜

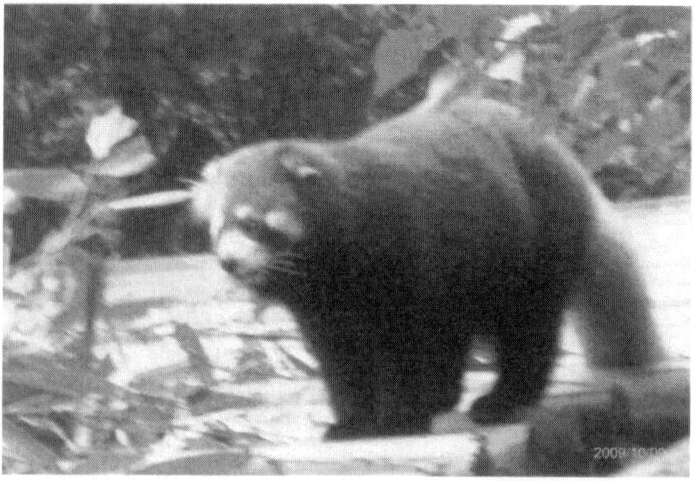

一首偈詩的啟示（二）

夜雨白雲同宿臥
曉風紅日伴行藏
當初悔不修行早
空對青山淚兩行

老校長　蔣公
還有經國先生
當初悔不早統一
如今空對神州淚千行

一碰惡友千古恨

交友千萬小心
一入歧途千古恨
《大般涅槃經》：
我遇惡知識
造作三世罪
今於佛前悔
願後莫更造
惡中最惡
是台毒份子

口耳傳話不能聽

言語不可靠
文字靠不得
傳話更不能聽
元．天如惟則：
紙上傳來説得親
翻腔易調轉尖親
世人愛聽人言語
言語從來賺殺人

朝聞道夕可死

阿難尊者說
若人生百歲
不解生滅法
不如生一日
而得解了知

我問讀者
你為何活著？
你是否已了知生滅法？

貪窮的富人

這世上
富有的窮人多
《大莊嚴論經》：
雖無諸珍寶，及以資生具
能信三寶者，是名第一富
由此觀之
我雖是一個無產階級者
卻有首富的心態

有門和無門

我年輕時到處找門
硬是沒門路
很晚才發現無門最多門
唐・龍牙居遁：
掃地煎茶及針罷
更無餘事可留心
山門有路人皆到
我戶無門那畔尋

良師益友

人生能得一良師益友
勝過得一金山
《大寶積經》：
能捨惡知識
親近善知識
菩提道增長
猶月漸圓滿
人生路愈來愈寬廣

淡出瘋人島

住在瘋人島
台獨漢奸天天瘋
如何保清淨
唐・龍山：
三間茅屋從來住
一道神光萬境閒
莫作是非來辨我
浮生穿鑿不相關

無常

無常
就是生命之常
吾心已了然
《長阿含經》：
世間無常
人命逝速
喘息之間
猶亦難保
每天都當末日用

果報自愛

搞不懂
那些台獨妖魔
難道不怕報應嗎？
《光明童子經》：
一切眾生所作業
縱經百劫亦不亡
因緣和合於一時
果報隨緣自當受

佛國情境

佛國的情境是怎樣？
大家都想知道
能否去旅遊？
古德云：
佛國美景絕塵埃
煙霧重重卻又開
若見人我關係處
一花一葉一如來
那個旅行社能辦此行程！

誰能八風吹不動

這年頭，一陣微風
就把很多人
吹左右搖擺
大家向蘇東坡學習：
稽首天中天
毫光照大千
八風吹不動
端坐紫金蓮

生命的真相

無權選擇就來了
你必須前行
有餓虎日夜追殺你
《心地觀經》：
無常念念如餓虎
有為虛假難久停
宿鳥平旦各分飛
命盡別離亦如是

這樣作佛

作佛成佛很難嗎？
不知道二千多年來
有多少人作佛成佛
《大寶積經》：
常自調順不放逸
一切能施無妒嫉
慈悲念於諸眾生
彼人不久當作佛

我們在因緣海

因緣的浪潮
推著我們流轉三界
《入楞伽經》：
諸因緣和合
愚痴分別生
不知如是法
流轉三界中
何時從六道輪迴中解脫

坦然面對那一天

宇宙萬物有生死
何懼自然法
《景德傳燈錄》：
佛不見身知是佛
若實有知別無佛
智者能知罪性空
坦然不怖於生死

人間道場

人間是一個大道場
有安逸、和諧
也有水深火熱
古德云：
刀山劍樹為寶座
龍潭虎穴作禪床
道人活計原為此
劫火燒來也不忙

錢財一夢

一切有為法
如夢幻泡影
錢財也是
《大寶積經》：
錢財如幻亦如夢
愚痴眾生被誑惑
剎那時得剎那失
何有智者生愛心

境界在生活中

到底要怎樣修行？
禪道如何用功？
古來困擾修行者
但，宋．白雲守端說：
饑來要吃飯
寒到要添衣
困時伸腳睡
熱至要風吹
就是這麼簡單

矛盾統一

矛和盾有何分別
主和客、動與靜
說有分別
但無分別心
梁・傅大士：
空手把鋤頭，步行騎水牛
人從橋上過，橋流水不流
統一平等後
你我無分別

輯　五　2008年8月
江西參訪

龍虎山瀘溪
2008/08/19 15:40

人生隨分自在

年輕時做了生涯規劃
規劃的皆落空
沒規劃的
從天上掉下來
清・竺庵大成：
伯勞西去雁東來
李白桃紅歲歲開
萬事無過隨分好
人生何用苦安排

認眞活在當下

要活在當下
亦不留戀過往的虛幻
明・憨山德清：
四面湖山鏡裡看
樓船深浸碧波寒
不知身在冰壺影
可笑沉酣夢未殘

天天星期天

放下一切
一切放下
天天是好日
宋・無門慧開：
春日百花秋有月
夏有涼風冬有雪
若無閒事掛心頭
便是人間好時節

生活就是禪

安守本分生活
就是禪
明・王陽明：
飢來吃飯倦來眠
只此修行玄更玄
說與世人渾不信
卻從身外覓神仙

一切都是緣

為什麼在嚴田古村？
為什麼有此神州行？
一切都是緣
《緣生論》：
藉緣生煩惱
藉緣亦生業
藉緣亦生報
無一不有緣

何其難

我等凡夫
裝滿一身愛恨情仇
如何通通放下
《大乘理趣六波羅蜜多經》：
不念他人惡
常思其善事
智慧離分別
人中最第一

哪裡才是終極故鄉

糊里糊塗幾千年
蒼蒼茫茫
找尋終極故鄉
尚在何處？

明・憨山德清：
滾滾紅塵古路長
不知何事走他鄉
回頭日望家山遠
滿目空雲帶夕陽

找到自己眞如佛性

金馬台澎到處找
找了半世紀找不到
回家後院發現寶
唐・無盡藏：
終日尋春不見春
芒鞋踏破嶺頭雲
歸來偶把梅花嗅
春在枝頭已十分

回到原點

職場爭戰幾十年
到底求什麼
難到只為一口飯
古德云：
趙州八十猶行腳
只為心頭未悄然
及至歸來無一事
始知空費草鞋錢

肯定現有自己

要如何肯定自己？
向枯木學習吧
它守住自己的道
唐・大梅法常：
摧殘枯木倚寒林
幾度逢春不變心
樵客遇之猶不顧
郢人那得苦追尋

愛恨情仇都消了

凡人們
把愛恨情仇都消了吧
如何消解？
民國・蘇曼殊曰
禪心一任蛾眉妒
佛說原來怨是親
雨笠煙簑歸去也
與人無愛亦無瞋

處處是家

現代社會有很多家
不像是家
各家都在找家
何處是家？
唐・龍牙居遁：
木食草衣心如月
一生無念復無涯
世人若問居何處
綠水青山是吾家

無常人間

人世間說來複雜
卻有一條統一律
無常
萬物在無常中流轉
唐・龍牙居遁：
朝看花開滿樹紅
暮看花落樹還空
若將花比人間事
花與人間事一同

修福修慧（一）

我吃飯你不飽
你要飽，得自己吃飯
修福和修慧也一樣
《分別業報略經》：
施慧二俱修
所生具財智
二俱不修者
長夜處貧闇

修福修慧（二）

施者，福也
施茶、施水、助人
環保救地球、恭敬禮佛
就是修自己福報
聽經聞法、參禪冥思
以聞思修入三摩地
實踐佛法
就是增長自己智慧

你要經得起磨

想要成為人上人
創造一個天空
或走出一點境界
都得經的起磨

明・于謙：
千錘百鍊出深山
烈火焚燒莫等閒
粉身碎骨都無怨
留得清白在人間

空是什麼？

說空即非空
依空才能建設有
世界因空而有
《中論》：
以有空義故
一切法得成
若無空義故
一切法不成

人形畜

放眼看去人海茫茫
多的是人形畜
台獨這些妖女男魔皆是
《華嚴經・普賢行願品》：
不知三世事
亦寡法財寶
飽腹資欲心
人形畜無別

如何修善法

有心行善
處處能行善法
不搞台獨是最大善行
因為使台灣遠離戰火
《諸法集要經》
善法如橋梁
持戒則能往
隨順修善行
決定得善果

解脫

貪、瞋、癡都破除了
無貪無著
生死也解脫
元．金碧峰：
若人欲拿金碧峰
除非鐵鍊鎖虛空
虛空若能鎖得住
再來拿我金碧峰

怎樣修口？

世上惡口何其多！
台毒之口何其毒！
這惡口怎樣修？
《大薩遮尼乾子經》：
和合除兩舌
軟語遮惡口
正說治綺語
淨言對妄語

修行趁早

別以為來日方長
今日脱下襪和鞋
明晨能穿到否？
《緇門警訓》：
萬里新墳盡少年
修行莫待鬢毛斑
死生事大宜須覺
地獄時長豈等閒

最上修行

修行之法門
可能不止八萬四千
人我相處是最上修行
《護國尊者所問大乘經》：
恒以軟語誘群生
怨親平等無分別
無著無住亦如風
是求菩薩最上行

人心是什麼？

人心不過一塊肉
為何有邪惡如台獨份子
亦有正人君子！
《華嚴經》：
心如工畫師
能畫諸世間
五蘊悉從生
無法而不造
難道正邪都在這肉裡？

煩惱何其多（一）

人間煩惱比地獄多
如何才能斷煩惱
清・石天基：
莫要惱，莫要惱
煩惱之人容易老
世間萬事怎能全
可歎痴人愁不了

煩惱何其多（二）

想破了腦袋還煩惱
學放下、學無住
必能少煩惱
石天基曰：
任你富貴與王侯
年年處處埋荒草
放著快樂不會享
何苦自己等煩惱

煩惱即菩提

迷了是煩惱
悟了是菩提
煩惱與菩提一體不二
離了煩惱無菩提可求
煩惱讓人流轉於六道
也靠煩惱成就菩提
吾等修行者
勿懼煩惱
須用功轉煩惱為菩提

難、難、難

得勢與不得勢都不對
成敗皆有罪
人生真是難、難、難

宋・王安石：
失志難作福，得勢易造罪
苦即念快樂，樂即生貪愛
無苦亦無樂，無明亦無昧
不屬三界中，亦非三界外

別管天掉下來

島嶼沈淪
台毒禍水淹沒全島
天要垮了
別管
清・大汕禪師：
松間枕石眠
夢對白雲坐
擬問雲起居
松風忽吹破

文字是一道牆

讀書很危險
若困文字中
就被判了無期徒刑
唐・古靈神贊：
空門不肯出
投窗也太痴
千年鑽故紙
何日出頭時
讀書者，你要小心

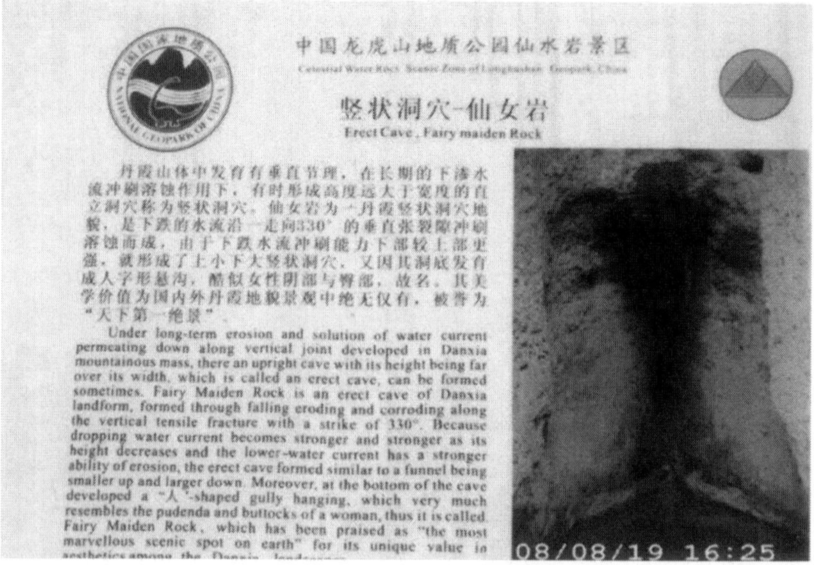
中国龙虎山地质公园仙水岩景区
竖状洞穴-仙女岩
Erect Cave, Fairy maiden Rock
丹霞山体中发育有垂直节理，在长期的下渗水流冲刷溶蚀作用下，有时形成高度远大于宽度的直立洞穴称为竖状洞穴。仙女岩为一丹霞竖状洞穴地貌，是下跌的水流沿一走向330°的垂直张裂隙冲刷溶蚀而成，由于下跌水流冲刷能力下部较上部更强，就形成了上小下大竖状洞穴。又因其洞底发育成人字形悬沟，酷似女性阴部与臀部，故名。其美学价值为国内外丹霞地貌景观中绝无仅有，被誉为“天下第一绝景”
Under long-term erosion and solution of water current permeating down along vertical joint developed in Danxia mountainous mass, there an upright cave with its height being far over its width, which is called an erect cave, can be formed sometimes. Fairy Maiden Rock is an erect cave of Danxia landform, formed through falling eroding and corroding along the vertical tensile fracture with a strike of 330°. Because dropping water current becomes stronger and stronger as its height decreases and the lower-water current has a stronger ability of erosion, the erect cave formed similar to a funnel being smaller up and larger down. Moreover, at the bottom of the cave developed a "人"-shaped gully hanging, which very much resembles the pudenda and buttocks of a woman, thus it is called Fairy Maiden Rock, which has been praised as "the most marvellous scenic spot on earth" for its unique value in
08/08/19 16:25

成人與成佛

茫茫人海都是人
哪個不是人
不多已成人
民國・太虛：
仰止唯佛陀
完成在人格
人成即佛成
是名真現實
説是人，未必人成

無形火災

地球上到處有火災
燒掉森林和人命
但有無形火災
也可怕
唐・寒山大師：
瞋是心中火
能燒功德林
欲行菩薩道
忍辱護真心

要滅無形火災

無形火災無色無味
如影隨形
要小心
須設法滅之
唐・寒山大師：
無瞋即是戒
清貧如出家
我性與您合
一切法無差

西來意

西來意是什麼？
言語難述
文字難註
只能心神領悟
南宋・湯思退：
雲作袈裟石作僧
巖前獨立幾經春
有人若問西來意
無言相對總是真

青松與花

無關青松與花
都是人心
善惡都藏於一心中
明・劉伯溫：
善似青松惡似花
看看眼前不如它
有朝一日遭霜打
只見青松不見花

看看川建國

他毀了自己的國
又為台毒生火
很快他也毀了自己
真的是
善有善報
惡有惡報
不是不報
時候未到
台毒份子要小心

心靈選佛場

人人心中有淨土
正是你自己的選佛場
有自己的淨土
清淨修行
唐．龐蘊：
十方同聚會
大家學無為
此是選佛場
心空及第歸

靈山拈花

佛陀在靈山會上
拈花微笑
迦葉尊者也微笑
大法完成傳承
宋・雪竇智鑑：
世尊有密語
迦葉不覆藏
一夜落花雨
滿城流水香

凡人的修行

吾等凡人
要有一點長進
常自我警惕
唐・神秀：
身似菩提樹
心如明鏡台
時時勤拂拭
勿使惹塵埃

菩薩的境界

菩薩與凡人所見不同
不受名相所限
亦不住著
唐・惠能大師：
菩提本無樹
明鏡亦非台
本來無一物
何處惹塵埃

假相與眞相

萬物皆因緣和合之假相
你的身體是真的嗎？
錢財是真的嗎？
《佛說解冤枉經》：
人云身是假
我曰身是真
藉此假面孔
廣種菩提因

不像個人

人就是人
怎會不像個人
難不成，不是人
《阿含經》：
應笑而不笑
應説而不説
應喜而不喜
應作而不作

不要迷失修行方向

大家都在修行
牛馬也是在修行嗎？
怎樣修行？
《大毘婆沙論》：
修諸餘苦行
當知無義俱
彼不獲利安
如陸揮船棹

爲何要懺悔

許多人不以為然
又沒做錯事
為何要懺悔？
《心地觀經》：
懺悔能延金剛壽
懺悔能入常樂宮
懺悔能出三界獄
懺悔能開菩提華

最大的敵人是自己

度眾生管天下
從調伏自己開始
最大的敵人是自己
《雜阿含經》：
利刀以水石
直箭以溫火
治材以斧斤
自調以黠慧

修行四要法

修行法門無奇不有
方法觀念
不能偏差
《治禪病秘要經》：
當服慚愧藥
忍辱為衣裳
懺悔莊嚴華
熏用善心香

修行修到無我無人

修行之路無終站
境界沒有最高
只有更高
《淨土五會念佛略法事儀讚》：
勸君修道莫生瞋
法中無我亦無人
欲識西方求淨土
會是塵中不染塵

快樂修行人

修行不自苦
亦不使人惱
是快樂修行人
《大莊嚴論經》：
和顏無瞋色
亦復不暴惡
言無所傷觸
亦不使憂惱

隨時準備走人

隨時走人，到時
放下一切
一切放下
《坐禪三昧經》：
生時所保惜
死則皆棄捐
常常念如是
一心觀莫亂
面對生死當從容

六度

六種修行方法可得度
布施、持戒、忍辱
精進、禪定、般若
《佛本行集經》：
六度成就智慧力
降伏一切諸怨敵
天魔煩惱及陰等
當得常樂我淨因

難得人身（一）

得人身如爪上泥
失人身如大地土
要善用人身
《大寶積經》：
善得人身甚為難
莫為此身造眾惡
畢竟塚間餧狐狼
切勿惡見生貪愛

難得人身（二）

善用人身做功德
切勿惡見搞台毒
毒害呆丸郎
罪過！罪過！
古德云：
人身難得今已得
佛法難聞今已聞
此身不向今生度
更向何生度此身？

還是因果

眾生跑不了因果
菩薩畏因
眾生畏果
《因果經》：
富貴貧窮各有由
夙因緣分莫強求
未曾下得春時種
空守荒田望有收

邪與正

邪正兩條路要小心
一不小心入魔道
正見即佛
《六祖壇經》：
真如自性是真佛
邪迷三毒是魔王
邪迷之時魔在舍
正見之時佛在堂

別管人家

別管人家做了什麼事
顧好自己的心
《發覺淨心經》：
莫於他邊見過失
勿說他人是與非
不著他家淨活命
諸所惡言當棄捨

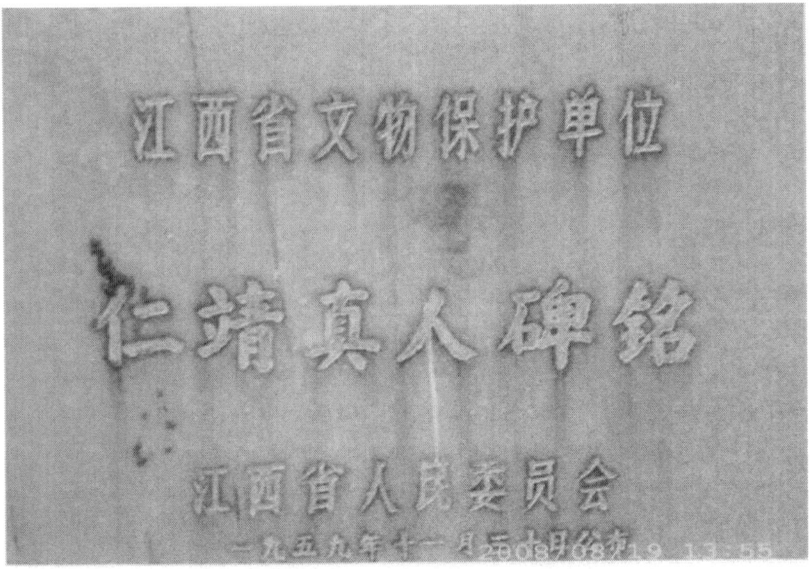

三千大世界在足下

一粒米裡有三千大世界
米在我口裡
大放光
民國・寄禪：
大千一粟未為寬
打破娘生赤肉團
萬法本閒人自鬧
更從何處覓心安

人比神仙殊勝

成神成仙有什麼好
不如人身殊勝
天龍八部亦不如
《菩提道次第論》：
欲成佛道度眾生
具心大力唯人能
天龍修羅金翅蟒
神仙餘趣皆不及

怎樣最安樂？

安樂是現代之顯學
眾皆追求
但怎樣是最安樂？
《方廣大莊嚴經》：
遠離眾罪垢
不著於世間
永斷我慢心
是為最安樂

捨與得

得從哪裡來
不從得來
從捨來
《本事經》：
世間諸有情
若了解惠施
能感大果報
明見似如來
喜捨布施有大得

識，累世輪迴中

所謂不生不死
在說誰？
說的正是「識」
《菩薩處胎經》：
識是生死本
亦為涅槃經
中息在胞胎
遊戲無量界

輯　六　2008年元月
海南旅遊

退一步天地寬

就佛法信仰
退一步是最進步
天地最寬廣
宋・慈受懷深：
萬事無如退步休
本來無證亦無修
明窗高掛菩提月
淨蓮深栽濁世中

跟著聖賢到淨土

跟著聖賢走
這是一條成功路
堅持走下去
唐・寒山：
千年石上古人踪
萬丈岩前一點空
明月照時常皎潔
不勞尋討問西東

福業果報

有耕種才有收穫
這是因果關係
福業果報也是
《雜寶藏經》：
福業如果熟
不以祠祀得
人乘持戒車
後得至天上

自作終自受

一個島嶼沈淪了
台毒種的因
島民自作終自受
民國・慈航：
法性本來空寂
因果絲毫不少
自作還是自受
誰也替你不了

胡說八道

佛法傳到西域胡人
又從胡人傳中國
胡人說八正道
正見、正思維、正語
正業、正命
正精進、正念、正定
胡說八道
是佛法精要、人生指南

化解風波

平地起風波
你被無端吹倒
怎麼辦？
民國・虛雲：
本無一事可思求
平地風波信筆收
從地倒時從地起
十方世界任優游

一切交給因果

人在做天在看
不信台獨偽政權不垮
崩垮之日統一時
古德云：
人善人欺天不欺
人惡人怕天不怕
善惡到頭終有報
只爭來早與來遲

因果報應歷歷不爽（一）

炎黃子孫不要灰心
那些搞台毒的
害人害己
遲早報應

唐・元真禪師：
行藏虛實自家知
禍富因由更問誰
善惡到頭終有報
只爭來早與來遲

因果報應歷歷不爽（二）

海內外中國人有信心
堅持追求中國夢
就是度眾生
唐・元真禪師：
閒中檢點平生事
靜坐思量日所為
常把一心行正道
天地自然不相虧

護生・遠離戰火

對待任何動物要有慈悲心
為何台獨偽政權
要將台島推向戰火
要死多少人？
唐・白居易：
難道群生性命微
一般骨肉一般皮
勸君莫打三春鳥
子在巢中望母歸

刀兵劫

世間邪惡何其多
台毒為最
最是一切罪惡源頭
清．戒顯禪師：
千百年來碗裡羹
冤深如海恨難平
欲知世上刀兵劫
但聽屠門夜半聲
沒了台毒眾生都歡喜

吾道無窮樂

活在台獨偽政權
要放下一切
做自己的美夢
便可無窮樂
北宋・法演禪師：
白雲堆裡古家風
萬里霜天月色同
林下水邊人罕到
方知吾道樂無窮

聚散無常便是常

人生聚散無常
來去身不由己
便是常

唐．靈一禪師：
池上蓮荷不自開
出中流水偶然來
若言聚散定有我
未是回時那得回

漂流的人生

從何處漂來？
又要漂往何處？
誰知道
唐・寒山大師：
我見黃河水
凡經幾度清
水流如急箭
人世若浮萍
只有空性無常

輪迴牽引衆生

輪迴力道何其大
眾生受牽引
誰能抗拒？
唐・寒山大師：
痴屬根本業
無明煩惱坑
輪迴幾許劫
只為造迷盲

圓澤禪師的前世今生（一）

生生世世轉來轉去
誰記得前世
牧童知道
前世是圓澤禪師：
三生石上舊精魂
賞月吟風莫要論
慚愧情人遠相訪
此身雖異性長存

圓澤禪師的前世今生（二）

圓澤禪師引吭高歌
答李源
身前身後事茫茫
欲話因緣恐斷腸
吳越山川尋已遍
卻回煙棹上瞿塘
身口意三業
決定了輪迴的方向

西天取經（一）

取經人也是冒險家
他們走出去的精神
就是千古典範
唐・義淨大師：
晉宋齊梁唐代間
高僧求法離長安
去人成百歸無十
後者安知前者難

西天取經（二）

繼法顯、玄奘後
義淨大師踏上取經路
後學讀經不可慢
大師曰：
路遙碧天唯冷結
沙河遮日力疲殫
後賢如未諳斯旨
往往將經容易看

心胸眼界

故步自封
就將井當成海
自大起來
元好問：
井蛙瀚海雲濤
醯雞日遠天高
醉眼千峰頂上
世間多少秋毫

星雲大師說普賢十大願（一）

禮敬諸佛
人格的尊重
一切眾生皆有佛性
禮敬諸佛
是敬重一切眾生的人格
如常不輕菩薩云：
我不敢輕視汝等
汝等皆當作佛

星雲大師說普賢十大願（二）

稱讚如來

語言的布施

布施財物佛法有難度

語言布施最容易方便

佛陀在因地修習讚歎法門

故比彌勒菩薩早成佛

可見讚歎他人

言語布施功德很大

星雲大師說普賢十大願（三）

廣修供養
結緣的實踐
各種供養
都是廣結善緣的好方法
就是住極樂國土的大眾
每日晨起
各以衣祴盛眾妙華
供養他方十萬億佛

星雲大師說普賢十大願（四）

懺悔業障
生活的反省
眾生在生活大叢林中
身、口、意
經常造下難以彌補的過錯
因此經由懺悔
淨化身心
使人不斷精進

星雲大師說普賢十大願（五）

隨喜功德
心意的淨化
學佛要學會播種
以期將來福田有收成
聚集功德
要有歡喜清淨心
隨手心意也是善種

星雲大師說普賢十大願（六）

請轉法輪
真理的傳播
佛法乃救世之舟航
須法輪常轉
才能利益眾生
從印度一地
轉到現在全世界
救度許多眾生

星雲大師說普賢十大願（七）

請佛住世
聖賢的禮遇
佛陀證悟時，覺得
緣起真理世人不能信解
準備進入涅槃
因梵天王勸請
佛陀悲愍眾生開始說法
眾生得見真理之光

星雲大師說普賢十大願（八）

常隨佛學
智者的追隨
十大弟子
一千二百五十位大比丘
就是佛陀的常隨眾
跟隨佛陀左右
能速證聖果
可見追隨智者的重要

輯　七　2007 年底北京
中國文聯邀訪

2007.11.3.北京八达岭長城

星雲大師說普賢十大願（九）

恒順眾生

民意的重視
佛陀行事非常民主
普賢菩薩領會佛意
重視大眾意見
不逆人意
乃恒順眾生的精神

星雲大師說普賢十大願（十）

普皆回向
法界的融和
要有法界融和的境界
必須：回自向他、回事向理
回因向果
轉惡世為善法
轉生滅為寂滅
普賢菩薩大願就圓滿了

知識害人有分別心

大家都在求知識
但知識害人有分別心
要破除知識牆
唐・香嚴智閑：
一擊忘所知，更不假修持
從容揚古道，不墮悄然機
處處無蹤跡，聲色外威儀
諸方達道者，咸言上上機

大梵天問道（一）

梵天問佛陀：
什麼是最利的劍？
什麼是最毒的毒？
什麼是最猛的火？
什麼是最暗的夜？
佛陀回答：
惡口是最銳利的劍
貪欲是最劇烈的毒
煩惱是最凶猛的火
無明是最暗的長夜

大梵天問道（二）

梵天又問。
什麼人獲益最大？
什麼損失最大？
什麼甲冑攻不破？
什麼是最好的武器？
佛陀回答：
布施者獲益最大
貪得又受施不報損失最大
忍耐是攻不破的甲冑
智慧是最好的武器

大梵天問道（三）

梵天又問：
什麼最有引誘力？
什麼最令人討厭？
什麼是最可怖的苦？
什麼是最大的享受？
佛陀回答：
善最有引誘力
惡最令人討厭
有內疚之心是最苦
解脱是最大的享受

大梵天問道（四）

梵天再問：
什麼是世間死亡的原因？
什麼能破壞友情？
什麼是最厲害的熱症？
什麼是最好的醫生？
佛陀回答：
無明是死亡的根本
嫉妒自私破壞友情
恨是最厲害的熱症
佛陀是無上醫生

大梵天問道（五）

梵天思索再問
尚有疑惑不明了
什麼東西火燒不毀
水浸不爛、風吹不碎
還能再造宇宙？
佛陀回答：
是福報．善行之福報
火等不能壞，能再造宇宙
梵天滿懷法喜，作禮而去

六祖大師無相頌

苦口的是良藥
逆耳必是忠言
改過必生智慧
護短心內非賢
日用常行饒益
成道非由施錢
菩提只向心覓
何勞向外求玄
聽説依此修行
天堂只在目前

慳吝的白狗（一）

佛陀托缽經兜羅子家
兜羅子有事多出
家中白狗見佛陀狂吠
佛陀對牠說
你不要大聲叫
前世你是梵志
今世投胎為狗
狗聽了躲回牀下
悶悶不樂

慳吝的白狗（二）

兜羅子回家見愛犬不樂
問家人：
誰惹了我愛犬？
家人告之佛陀來事
兜羅子怒找佛陀理論說：
瞿曇！你對我愛犬說什麼？
為什麼牠不吃不喝了？
佛陀說告訴牠
別叫，你過去是修行人……

慳吝的白狗（三）

兜羅子逼問佛陀
自己和愛犬的因緣
佛陀明白告訴他：
白狗就是你父親
兜羅子不信說：
吾父生前布施，修供火
早生到梵天
怎麼可能出生為狗？

慳吝的白狗（四）

佛陀說，你若不信
回家這樣問他……
兜羅子回家對白狗說：
你若真是我父親
告訴我藏寶的地方
狗鑽到床底下
不斷掘土
兜羅子也幫忙
不久珍寶果然出土

慳吝的白狗（五）

兜羅子不禁向祇園合掌道
佛陀所言不虛
兜羅子再次恭敬問原由
佛陀說：
他生前傲慢欺人
慳吝不布施，故投胎為狗
繼續前生未了心願
守護自家財產
這就是因緣果報

不和愚痴同行

人生的成敗
迷與悟
你和誰同行很重要
《法句經》：
與愚者同行，長時處憂悲
愚者同住苦，如與敵同居
與智者同住，樂如會親族
讀者，你
與誰同行

什麼是「障道因緣」？

障礙學佛的因緣
主要有十二「心」
心門不開、心結不解
心擔不放、心妄不除
心憂不喜、心暗不明
心狹不寬、心惡不善
心邪不正、心貪不捨
心迷不信、心有不空

輯　八　生長在邊陲寶島的子民們

◎都是一家人

八宗祖師

禪宗，達摩祖師
淨土宗，廬山慧遠大師
律宗，南山道宣律師
密宗，善無畏大師
天台宗，智者大師
法相宗，玄奘三藏大師
華嚴宗，賢首大師
三論宗，嘉祥吉藏大師

禪宗，達摩祖師

西天第二十八祖
中國禪宗初祖
南朝時至金陵
與梁武帝對談不投機
遂至嵩山少林寺
面壁坐禪九年
後衣缽傳慧可，說一偈：
吾本來茲土，傳法度迷情
一花開五葉，結果自然成

淨土宗，廬山慧遠

東晉高僧
廬山白蓮社創始者
一生弘揚彌陀淨土
與眾共修
念佛三昧
中國結社念佛之始
亦中國淨土主流

律宗，南山道宣

大唐律僧
開創中國南山律宗
嚴持淨戒
弘宣《四分律》
精通大小乘經律
以戒律提供修道者
遵循之典範

密宗，善無畏大師

東印度烏荼國人
唐開元四年
以八十高齡來到長安
玄宗禮為國師
為中國密宗之先河
與金剛智、不空
並稱「開元三大士」

天台宗，天台智者

隋代高僧
七歲能背誦《普門品》
二十三歲參謁慧思
誦《法華經·藥王菩薩本事品》
豁然開悟
後代慧思開講筵
在金陵瓦官寺開法華經題
奠定天台宗觀基礎

法相宗，玄奘三藏

十二歲獲特准出家
後見漢譯佛典義理不一
決心西天取經
經歷十七年後歸國
致力譯經事業
創法相唯識宗
精於經、律、論三藏
世稱唐三藏

華嚴宗，華嚴賢首

唐代高僧
為武后講華嚴十玄門
一生宣講《華嚴經》
將佛教思想體系
分五教十宗
創華嚴宗
世稱香象大師
或叫康藏國師

三論宗，嘉祥吉藏

隋代高僧
七歲隨法朗出家
專習三論之學
曾與僧粲辯論
徵問往還四十餘次
最後取勝
為三論宗再興之祖

五停之觀

五種自我觀照
心不散亂的學佛觀法
數息觀、不淨觀
慈悲觀、因緣觀
念佛觀
修禪定如同種田
先讓心田去除障礙物
才開始耕田、播種
施肥而後收成

以數息觀對治散亂

一顆輕鬆自然的心
透過呼吸長短
看清呼吸一進一出
心自然慢慢沉靜
任何時空都可修習
可斷除煩惱
周利槃陀伽尊者
以此證得羅漢

以不淨觀對治貪欲

觀想色身種種不淨
可對治自己喜好
善攝己心
能去除貪愛染著
培養無分別心

以慈悲觀對治瞋恚

瞋心易起煩惱
貢高我慢
以慈悲心觀待眾生
如受持菩薩戒
利樂有情願成佛
慈悲觀法
化解負面情緒
對治瞋恚

以因緣觀對治愚痴

欲知前世因，今生受者是
欲知來世果，今生作者是
世間一切
皆因緣所生
無常便是正常
從十二因緣自我觀照
便能對治愚痴而生智慧

以念佛觀對治我執

煩惱太多
障礙清淨智慧
堅定身口意念佛
從散心念佛進而到定心念佛
念佛以消除業障
禪宗、淨土
殊途同歸
星雲大師言「我是佛」

三界唯心（一）

三界者
眾生所居住的世界
欲界、色界、無色界
所受果報
各有優劣苦樂差別
仍不能免於生死輪迴
唯有修行
才能超越輪迴之苦

三界唯心（二）

三界唯心
萬法唯識
三界中一切境界和事物
都是心識所變現
萬象皆隨心所現
隨心所變
心生則種種法生
心滅則種種法滅

三界唯心（三）

一念覺即超出三界
一念迷即墮入輪迴
心要如何修持
才不會迷失？
若能在生活中
從平常心、平等心
檢視自己的心
這是修行解脫的開始

涅槃（一）

涅槃不是死亡
活著，開悟就叫涅槃
涅槃是
一個不生不滅的境界
佛陀在菩提樹下
金剛坐上證悟宇宙真理
成就正等正覺
就是涅槃

涅槃（二）

佛陀在菩提樹下證悟後
他泯除人我關係的對立
超越時空的障礙
證悟生命永恒無限
因身體尚有依報在
稱「有餘依涅槃」
八十歲寂滅稱「無餘依涅槃」
五十年行化各地是「無住涅槃」

涅槃（三）

涅槃不是生命的結束
是新生命開始
是不生不死的境界
是圓滿永恒
不在生死中流轉
三法印最後一個法印
即是「涅槃寂靜」
得解脱自在之意

勿妄言兩舌

若問哪裡最多妄言兩舌？
台獨偽政權滿滿是
吾等修行者要警惕
宋・汾陽無德禪師：
近見人多說是非
不能緘口道相依
言他短處君還短
長短誰人自得知？

◎臺灣大學退休人員聯誼會

一體三身（一）

佛陀有證悟實相的法身
有具足三十二相的報身
有隨機度化眾生的應化身
吾人本性也具備
佛法僧一體的三寶
一體三身
法身、報身、應化身

一體三身（二）

人人都有真如自性
那是我們的法身、本體
法身不死不滅
死滅的只是身體
人在六道輪迴
真如自性不變
這便是法身理體

一體三身（三）

由修行功德所積聚
智慧所增長
就能圓滿報身
報身有自受用身、他受用身
自己所得，安住身心
他人受用，獲得利益
能自受用、他受用
是謂報身

一體三身（四）

應身，應化身
應眾生機緣
隨緣所現、所變
應以何身得度者
即現何身而為說法
如觀世音菩薩三十三現身
法身、報身、應身
一體三身

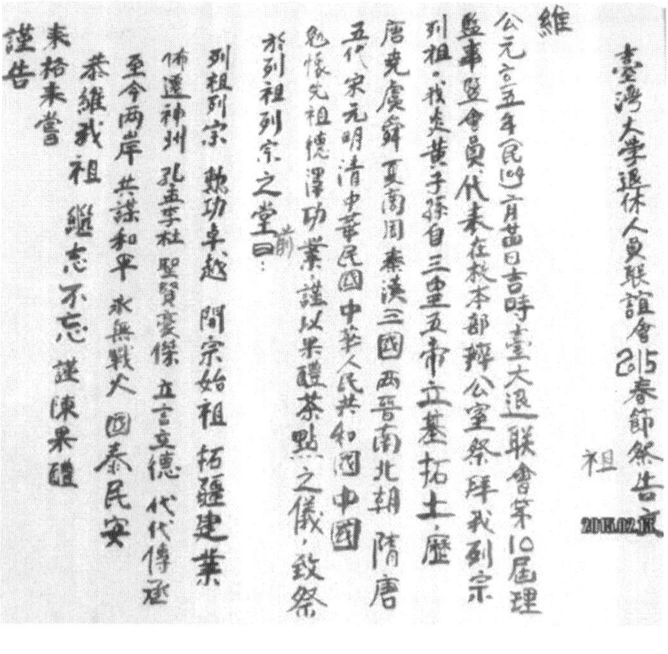
臺灣大學退休人員聯誼會2015春節祭祖告文
維
公元二〇一五年（民104）二月十四日吉時臺大退聯會第10屆理
監事暨會員代表在校本部辦公室祭拜我列宗
列祖。我炎黃子孫自三皇五帝立基拓土，歷
唐堯虞舜夏商周秦漢三國兩晉南北朝隋唐
五代宋元明清中華民國中華人民共和國中國
感懷先祖德澤功業，謹以果醴茶點之儀，致祭
於列祖列宗之堂前曰：
列祖列宗　勳功卓越　開宗始祖　拓疆建業
佈達神州　孔孟孝社　聖賢豪傑　立言立德　代代傳承
至今兩岸　共謀和平　永無戰火　國泰民安
恭維我祖　繼志不忘　謹陳果醴
來格來嘗
謹告

涅槃四德（一）

佛陀證悟涅槃後
他有常樂我淨四德
世間無常
能證悟到出世的法身
就永恒了
不生不滅是常德

涅槃四德（二）

娑婆界有八苦交爭
種種負擔綑綁
紛擾拖累
能證得三身
是樂德
永遠快樂
不受內患是樂德

涅槃四德（三）

世間無常、苦空、無我
一切有為法
均如夢幻虛妄
鏡花水月
證悟成佛後
就有法身理體上的真我
是我德
離妄得真是我德

涅槃四德（四）

成佛以後
超脫迷妄、離開愚昧
如清淨蓮花
雖五濁惡世
卻如住在清淨莊嚴國土
是淨德
超脫迷惑是淨德

當下你是佛

心上能有一念清淨光
你便悟得法身佛
能有一念無分別光
你便悟得報身佛
能有一念無差別光
你便悟得應身佛
當下你是佛

身相、無相

如來舉身相，為順世間情
恐人生斷見，權且立虛名
假言三十三，八十也空聲
有身非覺體，無相乃真形
種種身相
都為順應世間的應身佛
眾生從佛的應化身上
進而證悟無為自性的法身

◎臺大登山會

大唐順宗皇帝問道（一）

有一天，順宗皇帝
問佛光如滿禪師
有關三身問題：
佛從何方來？
滅向何方去？
所言常住世，
佛今在何處？

大唐順宗皇帝問道（二）

如滿禪師回答說：

佛從無為來，滅向無為去

法身滿虛空，常住無心處

有念歸無念，有住歸無住

來為眾生來，去為眾生去

清淨真如海，湛然體常住

智者善思惟，更勿生疑慮

大唐順宗皇帝問道（三）

順宗皇帝尚有疑
進而再問：
佛向王宮生，滅向雙林滅
住世四十九，又言無法說
山河與大海，天地及日月
時至皆歸盡，誰言無生滅
疑情猶若斯，智者善分別

大唐順宗皇帝問道（四）

如滿禪師再回答說：

佛體本無為，迷情妄分別
法身等虛空，未曾有生滅
有緣佛出世，無緣佛入滅
處處化眾生，猶如水中月
非常亦非斷，非生亦非滅
生亦未曾生，滅亦未曾滅
了見無生處，自然無法說

禪定（一）

《六祖壇經・坐禪品》：

惠能大師說禪定
外離相為禪
內不亂為定
外禪內定
是為禪定

玉山主峰
標高
952

禪定（二）

外在無住無染的活用是禪
內心清楚明了的安住是定
外禪內定、禪定一如
對外，面對五欲六塵
生死諸相皆不動心
對內，心無貪愛
安住無染，便內外一如

排雲山莊
海拔3402公尺
林務局嘉義林區管理處 製

一寸龜毛重九斤

有弟子問：
如何是西來意？
九峰勤禪師答：
一寸龜毛重九斤
禪法不在東覓西稱中
而在自心啓悟密密意中
向外緣求不得

財富五家共有

世間財富是誰的？
是五家共有
天然災害、人為災難
貪官污吏、盜賊
不孝子女
萬般帶不走
只有業相隨

七聖財

《法可經》記載
出世間法財有七種
稱七聖財
信仰、聞法、精進
持戒、慚愧、布施
定慧
是修行人真財富

信仰

《華嚴經》云：
信為道源功德母
長養一切諸善根
信仰、信心
是一切善行的根本
如入寶山挖寶
信仰是學佛人第一財富

聞法

以聞思修
入三摩地
正是學佛的第一步
多聞薰習
從聽聞正法契入佛道
佛法難聞
得聞即殊勝之財富

精進

學如逆水從舟
不進則退
要精進專注向上
堅持努力完成
必能收果
故精進就是財富
不精進則貧窮

持戒

戒是不侵犯而尊重
有戒德之人
必受尊重信賴
戒律保護我們不失人身
如交通規則保護行人安全
持戒是善法階梯
是進入佛道的根本財富

慚愧

《佛遺教經》說
慚愧之服
無上莊嚴
慚者，對不起自己
愧者，對不起別人
能有慚愧心
才能產生改過力量
也是修道者的財富

布施

佛陀講四攝或六度
都先說布施
布施是菩薩道第一課
世俗人被五欲套牢
學佛人要從枷鎖中解脫
布施是一種財富

定慧

學佛人心常清淨
自然由定心生慧
慧能通達事理
決斷疑念的能力
有了定慧
才能解脫生死的束縛
是修行人追求的境界
最上之財富

◎臺大秘書室志工

五蘊皆空

眾生由五蘊積聚
色、受、想、行、識
凡夫執著五蘊實有
認妄為真
啓惑造業
實則，四大本空
五蘊非有

修陀羅的供養（一）

修陀羅是舍衛國的大富長者
每年臘月初八
供養佛陀和比丘們
臨終時仍叮嚀子孫
要奉行遺言
長者兒子叫比羅陀
奉行不渝
但後來家道中落

修陀羅的供養（二）

臘月又到了
比羅陀沒錢準備供養餐
為不違背父親遺言
與妻到舅父家借百兩黃金
順利辦完供養餐食
當天晚上
原來放黃金的地方
又出現了百兩黃金

修陀羅的供養（三）

比羅陀驚恐去請問佛陀
佛陀告訴比羅陀
你們不違父教
七信財都具足
這是你們福德所招感
你們就安心花用吧

修陀羅的供養（四）

於是佛陀說一偈語：
信財戒財，慚愧亦財
聞財施財，慧為七財
從信守戒，常淨觀法
慧而履行，奉教不忘
生有此財，不問男女
終已不貧，賢者識真

三輪體空

布施之後
施者、受者與受施物
三者本體都空
不起貪戀執著
不思回報
這是清淨的布施
是謂三輪體空

風動？幡動？

兩位僧人見風吹幡動
一僧說：是風動
另一僧說：是幡動
爭論不已，請教惠能大師
大師說：
不是風動
亦非幡動，是仁者心動

聖者的心

聖者的心
不隨境轉
則無風動或幡動之別
如《心經》說
無受想行識
無眼耳鼻舌身意
無色聲香味觸法
無眼界……

◎臺大退休教官聯誼會

天堂與地獄（一）

天堂、地獄在哪裡？
佛教將宇宙分十法界
佛、菩薩、聲聞、緣覺
天、人、阿修羅
畜生、餓鬼、地獄
天堂有三界二十八天之分
地獄有十八種

台大軍訓聯誼餐會 於華國大飯店
2020.09.28

天堂與地獄（二）

天堂在天堂的地方
地獄在地獄的地方
《佛遺教經》說
知足之人，雖臥地上
猶如天堂
不知足者，雖處天堂
亦如地獄

地獄觀光

佛陀帶阿難到地獄觀光
大家一樣要吃飯睡覺
為何叫地獄？
其特別處
地獄人吃飯用三尺長筷子
夾菜尚未放入嘴便被搶走
如是各方爭吵不休

天堂觀光

佛陀又帶阿難到天堂觀光
天堂人一樣吃飯睡覺
為何叫天堂？
吃飯也用三尺長筷子
夾菜不是送入自己嘴裡
而是給對面人吃
彼此感謝、回敬
大家和睦快樂不爭

◎黃埔的中國夢情緣

趙樸初菩薩（一）

趙樸初菩薩和星雲大師
有深厚因緣
一九九三年元月廿五日
京寧列車中贈大師詩：
前月北征千里雪
今日南行雪千里
車窗光滿淨琉璃
瑞象倍增春節喜

趙樸初菩薩（二）

一九九三年元月廿九日

贈大師詩：

大孝終身慕父母

深悲歷劫利群生

西來祖意云何是

無盡天涯赤子心

一時千載莫非緣

法炬同擎照海天

自勉與公堅此願

莊嚴國土萬年安

趙樸初菩薩（三）

一九九四年三月二十日
賦贈星雲大師：
經年別，重到柳依依
煙雨樓台尋古寺
莊嚴誓願歷僧祇
三界法雲垂
金陵會，花雨滿秦隄
登岸何須分彼此
好從當下證菩提
精進共相期

楊仁山菩薩（一）

他是清末復興佛教
在自家設刻經處的大菩薩
創建祇洹精舍佛學院
培養眾多人才
梁啓超、章太炎、虞愚
太虛大師、仁山法師
歐陽漸、梅光羲、呂澂
智光法師、譚嗣同等
都是他的門下學生

楊仁山菩薩（二）

有觀世音菩薩的慈悲心
有文殊菩薩的智慧心
有普賢菩薩的事業心
有地藏菩薩的大願心
四大菩薩有四大名山
楊仁山菩薩建立了
無形的四大名山道場

改變命運的方法（一）

許多想改變命運的人
都外求問神算命
這是走錯的路
覺培法師告訴大家
內求改變才是正途
改變觀念、改變態度
改變習慣、改變人格
必能改變人生格局

改變命運的方法（二）

改變觀念
觀念決定行為
行為造就我們命運
瞋恨會使佛土變火宅
有愛污穢成淨土
建立正知正見
好運跟著來

改變命運的方法（三）

改變態度
處世態度決定人的命運
慳貪者只會中飽私囊
嫉妒心重不會快樂
心寬自在歡喜
厭世只想獨善其身
凡此，都決定了
你會走出怎樣的路

改變命運的方法（四）

改變習慣
壞習慣一旦養成
後患無窮
如惡口、貪慳、不負責等
必影響終生
下決心改變
前景格局就不一樣

改變命運的方法（五）

改變人格
壞心換成好心
惡心換成善心
邪心換成正心
修正不好的性格
暴躁的脾氣改成柔和
孤僻改隨緣
命運必隨之改觀

人間佛教

佛陀出生在人間
修行、成道、度生
都在人間
佛法在人間，不在天上
六祖惠能說
佛法在世間，不離世間覺
離世求菩提，猶如覓兔角

人成即佛成

人間佛教
就是要服務眾生
為社會帶來幸福祥和
太虛大師說
仰止唯佛陀，完成在人格
人成即佛成，是名真現實
學佛，要從人乘行果
完成大乘佛道

佛儒交融

儒家五常是
仁、義、禮、智、信
佛教五戒是禁止
殺、盜、淫、妄、酒
不殺生是仁
不偷盜是義
不邪淫是禮
不妄語是信
不飲酒是智

五乘佛法（一）

五乘者
人乘、天乘、聲聞乘
緣覺乘、菩薩乘
乃佛陀為教化眾生
依不同根性所設
五種不同層次法門
為人乘性格者說三皈五戒
脫離三途而生人道

五乘佛法（二）

為天乘性格者說修十善法
可生天界
為聲聞乘性格者說修四諦法
脫離三界成阿羅漢
為緣覺乘性格者說十二緣起法
可脫離三界而成辟支佛
為菩薩乘性格者說六度法
得無上究竟成佛果位

有佛法就有辦法（一）

星雲大師說
有佛法就有辦法
實際的運用要綱是
信心是佛法
有信心就有辦法
慈悲是佛法
有慈悲就有辦法

有佛法就有辦法（二）

結緣是佛法
肯結緣就有辦法
忍耐是佛法
能忍耐就有辦法
和眾生是佛法
能和眾生就有辦法
發心是佛法
肯發心就有辦法

白居易的修行（一）

大詩人白居易
敬仰鳥窠禪師
特地用詩偈問禪師道：
特入空門問苦空
敢將禪事問禪翁
為當夢是浮生事
為復浮生是夢中？

◎中國統一會

白居易的修行（二）

鳥窠禪師也用詩偈回答：

來時無跡去無蹤
去與來時事一同
何須更問浮生事
只此浮生是夢中

意思說人生如夢如幻

無來去，亦無生滅

白居易的修行（三）

白居易在佛法中安身立命
捨宅為寺，定名香山寺
自號香山居士
作詩偈表達心境：
愛風巖上攀松蓋
戀月潭邊坐石稜
且共雲泉結緣境
他日當作此山僧

白居易的修行（四）

白居易從禪到淨
再禪淨雙修
成為在家學佛的優婆塞
使他的詩
意境更高
生活更充實豐富

白居易的修行（五）

白居易〈念佛吟〉：

余年近七十，不復事吟哦
看經費眼力，作福畏奔波
何以慰心眼，一句阿彌陀
朝也阿彌陀，晚也阿彌陀
縱饒忙似箭，不離阿彌陀
達人應笑我，多卻阿彌陀
達也作麼生，不達又如何
普勸法界眾，同念阿彌陀

怎樣修行？

白居易問一禪師
怎樣修行？
禪師答：眾善奉行
諸惡莫作
白言：這麼簡單
八歲童子也會説
禪師言：八歲童子説得
八十老兒作不得

妄語和好語

《大智度論》：
實語第一戒
慈語昇天梯
好語小而大
妄語入地獄
那些說台獨都是妄語
說統一的是
實語、慈語、好語

◎中國商聖財神陶朱公

近墨者黑

近朱者赤，近墨者黑
交到惡友如是
《佛本行集經》：
猶如在於魚鋪上
以手執取一把茅
其人手即同魚臭
親近惡友亦如是

善友何在？

交友要交善友
善友何在？
《善生經》：
見非即來勸止
有同情慈愍心
樂於助人
苦樂不相棄

惡友何在？

利益為準交友的人
有所求而美言
趨承逢迎，見利忘義
只會吃喝玩樂不長進
當然，台獨份子
乃天下第一大惡友
要離得遠遠的

八大人覺

《八大人覺經》

後漢，安世高譯

為佛弟子

常於晝夜

至心誦念八大人覺

第一覺悟

世間無常，國土危脆
四大苦空，五陰無我
生滅變界，虛偽無主
心是惡源，形為罪藪
如是觀察，漸離生死

第二覺知

多欲為苦
生死疲勞
從貪欲起
少欲無為
身心自在

◎邊陲的子民們北望神州

第三覺知

心無厭足，惟得多求
增長罪惡，菩薩不爾
常念知足，安貧守道
惟慧是業

第四覺知

懈怠墜落
常行精進
破煩惱惡
摧伏四魔
出陰界獄

第五覺悟

愚癡生死
菩薩常念
廣學多聞
增長智慧
成就辯才
教化一切
悉以大樂

第六覺知

貧苦多怨
橫結惡緣
菩薩布施
等念怨親
不念舊惡
不憎惡人

第七覺悟

五欲過患，雖為俗人
不染世樂，常念三衣
瓦鉢法器，志願出家
守道清白，梵行高遠
慈悲一切

第八覺知

生死熾然，苦惱無量
發大乘心，普濟一切
願代眾生受無量苦
今諸眾生，畢竟大樂

如此八事

乃是諸佛菩薩大人
所覺悟
精進行道
慈悲修慧
乘法身船
至涅槃岸
復還生死度脱眾生

以前八事

開導一切
令諸眾生覺生死苦
捨離五欲，修心聖道
若佛弟子誦此八事
於念念中，滅無量罪
進趣菩提，速登正覺
永斷生死，常住快樂

四十二章經（一）

《四十二章經》

後漢，迦葉摩・竺法蘭同譯

出家證果，斷欲絕求

割愛去貪，善惡並明

轉重令輕，忍惡無瞋

惡還本身，塵唾自污

四十二章經（二）

返本會道，喜施獲福
施飯轉勝，舉難勸修
問道宿命，請問善大
請問力明，捨愛得道
明來暗謝，念等本空
假真並觀，推我本空

四十二章經（三）

名聲喪本，財色招苦
妻子甚獄，色欲障道
欲火燒身，天魔嬈佛
無著得道，意馬莫縱
正觀敵色，欲火遠離

四十二章經（四）

心寂欲除，我空怖滅
智明破魔，處中得道
垢淨明存，展轉獲勝
念戒近道，生即有滅
教誨無差，行道在心
直心出欲，達世知幻

斷欲絕求

佛言出家沙門者
斷欲去愛，識自心源
達佛深理，悟無為法
內無所得，外無所求
心不繫道，亦不結業
無念無作，非修非證
不歷諸位而自崇最
名之為道

塵唾自污

佛言，惡人害賢者
猶仰天而唾
唾不至天，還從己墮
逆風揚塵，塵不至彼
還坌己身
賢不可毀，禍必滅己

明來暗謝

佛言，夫見道者
譬如持炬入冥室中
其冥即滅
而明獨存
學道見諦
無明即滅，而明常存矣

忍惡無瞋

佛言，惡人聞善
故來撓亂者
汝自禁息
當無瞋責
彼來惡者而自惡之

問道宿命

沙門問佛，以何因緣
得知宿命，會其至道
佛言，淨心守志
可會至道
譬如磨鏡，垢去明存
斷欲無求，當得宿命

請問善大

沙門問佛，何者為善
何者為大
佛言，行道守真者
善志與道合者大

名聲喪本

佛言，人隨情欲求於聲名
聲名顯著，身已故矣
貪世常名而不學道
枉功勞形
譬如燒香，雖人聞香
香之燼矣
危身之火而在其後

念戒近道

佛言，佛子離吾數千里
憶念吾戒
必得道果
在吾左右
雖常見吾
不順吾戒，終不得道

施飯轉勝（一）

佛言，飯惡人百
不如飯一善人
飯善人千
不如飯一持五戒者
飯五戒者萬
不如飯一須陀洹
飯百萬須陀洹
不如飯一斯陀含

施飯轉勝（二）

飯千萬斯陀含
不如飯一阿那含
飯一億阿那含
不如飯一阿羅漢
飯十億阿羅漢
不如飯一辟支佛

施飯轉勝（三）

飯百億辟支佛
不如飯一三世諸佛
飯千億三世諸佛
不如飯一
無念無住無修無證之者

展轉獲勝（一）

佛言，人離惡道
得為人難
既得為人
去女即男難
既得為男，六根完具難
六根既具
生中國難，既生中國
值佛世難

展轉獲勝（二）

即值佛世，遇道者難
既得遇道
與信心難
既與信心
發菩提心難
既發菩提心，無修無證難

生即有滅（一）

佛問沙門
人命在幾間？
對曰：數日間
佛言：子未知道
復問一沙門
人命在幾間？

生即有滅（二）

對曰：飯食間
佛言：子未知道
復問一沙門
人命在幾間？
對曰：呼吸間
佛言：善哉！子知道矣！

直心出欲

佛言，夫為道者
如牛負重，行深泥中
疲極不敢左右顧視
出離淤泥，乃可蘇息
沙門當觀情欲
甚於淤泥
直心念道，可免苦矣

達世知幻（一）

佛言，吾視王侯之位
如過隙塵
視金玉之寶
如瓦礫
視紈素之服
如敝帛
視大千界如一訶子

達世知幻（二）

視阿耨池水
如塗足油
視方便門
如化寶聚
視無上乘
如夢金帛
視佛道
如眼前華

達世知幻（三）

視禪定，如須彌柱
視涅槃，如晝夕寤
視倒正，如六龍舞
視平等，如一真地
視與化，如四時木
諸大比丘
聞佛所說，歡喜奉行

天魔嬈佛

天神獻玉女於佛
欲壞佛意
佛言，革囊眾穢
爾來何為．去，吾不用
天神愈敬
因問道意，佛為解說
即得須陀洹果

陳福成著作全編總目

壹、兩岸關係

①決戰閏八月
②防衛大台灣
③解開兩岸十大弔詭
④大陸政策與兩岸關係

貳、國家安全

⑤國家安全與情治機關的弔詭
⑥國家安全與戰略關係
⑦國家安全論壇。

參、中國學四部曲

⑧中國歷代戰爭新詮
⑨中國近代黨派發展研究新詮
⑩中國政治思想新詮
⑪中國四大兵法家新詮：孫子、吳起、孫臏、孔明

肆、歷史、人類、文化、宗教、會黨

⑫神劍與屠刀
⑬中國神譜
⑭天帝教的中華文化意涵
⑮奴婢妾匪到革命家之路：復興廣播電台謝雪紅訪講錄
⑯洪門、青幫與哥老會研究

伍、詩〈現代詩、傳統詩〉、文學

⑰幻夢花開一江山
⑱赤縣行腳・神州心旅
⑲「外公」與「外婆」的詩
⑳尋找一座山
㉑春秋記實
㉒性情世界
㉓春秋詩選
㉔八方風雲性情世界
㉕古晟的誕生
㉖把腳印典藏在雲端
㉗從魯迅文學醫人魂救國魂說起
㉘六十後詩雜記詩集

陸、現代詩（詩人、詩社）研究

㉙三月詩會研究
㉚我們的春秋大業：三月詩會二十年別集
㉛中國當代平民詩人王學忠
㉜讀詩稗記
㉝嚴謹與浪漫之間
㉞一信詩學研究：解剖一隻九頭詩鵲
㉟囚徒
㊱胡爾泰現代詩臆說
㊲王學忠籲天詩錄

柒、春秋典型人物研究、遊記

㊳山西芮城劉焦智「鳳梅人」報研究
㊴在「鳳梅人」小橋上
㊵我所知道的孫大公

㊶為中華民族的生存發展進百書疏
㊷金秋六人行
㊸漸凍勇士陳宏

捌、小說、翻譯小說

㊹迷情・奇謀・輪迴、
㊺愛倫坡恐怖推理小說

玖、散文、論文、雜記、詩遊記、人生小品

㊻一個軍校生的台大閒情
㊼古道・秋風・瘦筆
㊽頓悟學習
㊾春秋正義
㊿公主與王子的夢幻、
51洄游的鮭魚
52男人和女人的情話真話
53台灣邊陲之美
54最自在的彩霞
55梁又平事件後

拾、回憶錄體

56五十不惑
57我的革命檔案
58台大教官興衰錄
59迷航記、
60最後一代書寫的身影
61我這輩子幹了什麼好事
62那些年我們是這樣寫情書的
63那些年我們是這樣談戀愛的
64台灣大學退休人員聯誼會第九屆理事長記實

拾壹、兵學、戰爭

65孫子實戰經驗研究
66第四波戰爭開山鼻祖賓拉登

拾貳、政治研究

67政治學方法論概說
68西洋政治思想史概述
69中國全民民主統一會北京行
70尋找理想國：中國式民主政治研究要綱

拾參、中國命運、喚醒國魂

71大浩劫後：日本311天譴說
日本問題的終極處理
72台大逸仙學會

拾肆、地方誌、地區研究

73台北公館台大地區考古・導覽
74台中開發史
75台北的前世今生
76台北公館地區開發史

拾伍、其他

77英文單字研究
78與君賞玩天地寬（文友評論）
79非常傳銷學
80新領導與管理實務

2015 年 9 月後新著

編號	書　　　　名	出版社	出版時間	定價	字數（萬）	內容性質
81	一隻菜鳥的學佛初認識	文史哲	2015.09	460	12	學佛心得
82	海青青的天空	文史哲	2015.09	250	6	現代詩評
83	為播詩種與莊雲惠詩作初探	文史哲	2015.11	280	5	童詩、現代詩評
84	世界洪門歷史文化協會論壇	文史哲	2016.01	280	6	洪門活動紀錄
85	三搞統一：解剖共產黨、國民黨、民進黨怎樣搞統一	文史哲	2016.03	420	13	政治、統一
86	緣來艱辛非尋常－賞讀范揚松仿古體詩稿	文史哲	2016.04	400	9	詩、文學
87	大兵法家范蠡研究－商聖財神陶朱公傳奇	文史哲	2016.06	280	8	范蠡研究
88	典藏斷滅的文明：最後一代書寫身影的告別紀念	文史哲	2016.08	450	8	各種手稿
89	葉莎現代詩研究欣賞：靈山一朵花的美感	文史哲	2016.08	220	6	現代詩評
90	臺灣大學退休人員聯誼會第十屆理事長實記暨2015～2016 重要事件簿	文史哲	2016.04	400	8	日記
91	我與當代中國大學圖書館的因緣	文史哲	2017.04	300	5	紀念狀
92	廣西參訪遊記（編著）	文史哲	2016.10	300	6	詩、遊記
93	中國鄉土詩人金土作品研究	文史哲	2017.12	420	11	文學研究
94	暇豫翻翻《揚子江》詩刊：蟾蜍山麓讀書瑣記	文史哲	2018.02	320	7	文學研究
95	我讀上海《海上詩刊》：中國歷史園林豫園詩話瑣記	文史哲	2018.03	320	6	文學研究
96	天帝教第二人間使命：上帝加持中國統一之努力	文史哲	2018.03	460	13	宗教
97	范蠡致富研究與學習：商聖財神之實務與操作	文史哲	2018.06	280	8	文學研究
98	光陰簡史：我的影像回憶錄現代詩集	文史哲	2018.07	360	6	詩、文學
99	光陰考古學：失落圖像考古現代詩集	文史哲	2018.08	460	7	詩、文學
100	鄭雅文現代詩之佛法衍繹	文史哲	2018.08	240	6	文學研究
101	林錫嘉現代詩賞析	文史哲	2018.08	420	10	文學研究
102	現代田園詩人許其正作品研析	文史哲	2018.08	520	12	文學研究
103	莫渝現代詩賞析	文史哲	2018.08	320	7	文學研究
104	陳寧貴現代詩研究	文史哲	2018.08	380	9	文學研究
105	曾美霞現代詩研析	文史哲	2018.08	360	7	文學研究
106	劉正偉現代詩賞析	文史哲	2018.08	400	9	文學研究
107	陳福成著作述評：他的寫作人生	文史哲	2018.08	420	9	文學研究
108	舉起文化使命的火把：彭正雄出版及交流一甲子	文史哲	2018.08	480	9	文學研究
109	我讀北京《黃埔》雜誌的筆記	文史哲	2018.10	400	9	文學研究
110	北京天津廊坊參訪紀實	文史哲	2019.12	420	8	遊記
111	觀自在綠蒂詩話：無住生詩的漂泊詩人	文史哲	2019.12	420	14	文學研究
112	中國詩歌墾拓者海青青：《牡丹園》和《中原歌壇》	文史哲	2020.06	580	6	詩、文學
113	走過這一世的證據：影像回顧現代詩集	文史哲	2020.06	580	6	詩、文學

114	這一是我們同路的證據：影像回顧現代詩題集	文史哲	2020.06	540	6	詩、文學
115	感動世界：感動三界故事詩集	文史哲	2020.06	360	4	詩、文學
116	印加最後的獨白：蟾蜍山萬盛草齋詩稿	文史哲	2020.06	400	5	詩、文學
117	台大遺境：失落圖像現代詩題集	文史哲	2020.09	580	6	詩、文學
118	中國鄉土詩人金土作品研究反響選集	文史哲	2020.10	360	4	詩、文學
119	夢幻泡影：金剛人生現代詩經	文史哲	2020.11	580	6	詩、文學
120	范蠡完勝三十六計：智謀之理論與全方位實務操作	文史哲	2020.11	880	39	文學研究
121	我與當代中國大學圖書館的因緣（三）	文史哲	2021.01	580	6	詩、文學
121	這一世我們乘佛法行過神州大地：生身中國人的難得與光榮史詩	文史哲	2021.03	580	6	詩、文學

陳福成國防通識課程著編及其他作品

（各級學校教科書及其他）

編號	書　　　名	出版社	教育部審定
1	國家安全概論（大學院校用）	幼　獅	民國 86 年
2	國家安全概述（高中職、專科用）	幼　獅	民國 86 年
3	國家安全概論（台灣大學專用書）	台　大	（臺大不送審）
4	軍事研究（大專院校用）	全　華	民國 95 年
5	國防通識（第一冊、高中學生用）	龍　騰	民國 94 年課程要綱
6	國防通識（第二冊、高中學生用）	龍　騰	同
7	國防通識（第三冊、高中學生用）	龍　騰	同
8	國防通識（第四冊、高中學生用）	龍　騰	同
9	國防通識（第一冊、教師專用）	龍　騰	同
10	國防通識（第二冊、教師專用）	龍　騰	同
11	國防通識（第三冊、教師專用）	龍　騰	同
12	國防通識（第四冊、教師專用）	龍　騰	同
13	臺灣大學退休人員聯誼會會務通訊	文史哲	
14	把腳印典藏在雲端：三月詩會詩人手稿詩	文史哲	
15	留住末代書寫的身影：三月詩會詩人往來書簡殘存集	文史哲	
16	三世因緣：書畫芳香幾世情	文史哲	

註：以上除編號 4，餘均非賣品，編號 4 至 12 均合著。　　編號 13　定價 1000 元。